高等院校电子商务职业细分化创新型规划教材

ECETC | 电子商务从业人员培训考试认证项目指定教材

U0722400

电子商务
运营管理

方佳伟◎主编　　宋英◎副主编

人民邮电出版社

北　京

图书在版编目（CIP）数据

电子商务运营管理 / 方佳伟主编. -- 北京 ：人民
邮电出版社，2016.8（2021.8重印）
高等院校电子商务职业细分化创新型规划教材
ISBN 978-7-115-42730-4

Ⅰ. ①电… Ⅱ. ①方… Ⅲ. ①电子商务－运营管理－
高等学校－教材 Ⅳ. ①F713.36

中国版本图书馆CIP数据核字(2016)第137182号

内 容 提 要

本书系统讲解了电子商务企业运营管理的知识和实践，包括初识电子商务企业运营和管理、电子商务企业组织架构与职能、多渠道销售和分销管理、客户服务管理、营销推广执行和监管、商业定位及 IT 支持、电子商务仓储物流，以及电商企业运营中的事件项目管理和紧急事件处理等。本书可以帮助读者全面了解电商企业的运营流程和运营方式。

全书内容系统、知识前沿，案例典型、实战性强，且配有丰富的教学资源。本书不仅可以作为高等院校电子商务、经济管理等相关专业的教材，也可供从事电子商务企业运营相关的从业、创业人员学习和参考。

- ◆ 主　编　方佳伟
  副主编　宋　英
  责任编辑　刘　琦
  执行编辑　朱海昀
  责任印制　焦志炜
- ◆ 人民邮电出版社出版发行　　北京市丰台区成寿寺路 11 号
  邮编　100164　电子邮件　315@ptpress.com.cn
  网址　http://www.ptpress.com.cn
  北京九州迅驰传媒文化有限公司印刷
- ◆ 开本：787×1092　1/16
  印张：13.5　　　　　　　　　2016 年 8 月第 1 版
  字数：333 千字　　　　　　2021 年 8 月北京第 6 次印刷

定价：35.00 元

读者服务热线：**(010)81055256**　印装质量热线：**(010)81055316**
反盗版热线：**(010)81055315**

前言 —— FOREWORD

我国电子商务行业的快速发展以及消费者在线购物的普及，使得越来越多的企业开始接触和开展电子商务业务。与此同时，已经涉足电子商务的企业也需要进一步优化自身的运营管理，以达到更高的企业目标。为了帮助大家更好地了解电子商务企业运营管理的知识和实践，上海科学技术职业学院、遵义职业技术学院与上海商派网络科技有限公司组织国内行业专家，严格按照职业任务和技能要求，合作开发了本书。

本书的目标

本书旨在让读者系统地了解电子商务企业运营管理过程中涉及的内容，包括了解电子商务企业运营和管理的目标，熟悉电子商务企业组织架构与职能，掌握多渠道销售和分销管理，掌握电子商务客服运作的特点，掌握营销推广的执行和监管，熟悉商业定位及 IT 支持，熟悉仓储物流的决策与实施，熟悉企业运营中的事件项目管理和紧急事件处理等。

内容特点

- ☑ **真实案例、实战演练**：本书结合典型的实战案例进行讲解，不仅教会读者如何了解和分析电子商务企业的运营和管理，而且详细说明了运营一家电子商务企业的具体思路和操作方法，还让读者"亲临"电商企业"双十一"、团购大促销等现场，解决企业实际问题。
- ☑ **内容系统、知识前沿**：本书介绍了电子商务企业运营管理的基本知识、管理技巧，以及电商行业实战项目。读者学习时可结合知识、案例、实战训练进行思考与分析，为做好电子商务企业运营管理工作打下坚实基础。
- ☑ **丰富的教学资源**：本书配有 PPT 课件、教学素材等教学资源。选书的教师可以登录人民邮电出版社教育服务与资源下载社区（www.ryjiaoyu.com）获取资源。读者还可以登录"我的书库网"（http://study.wdwd.net）获取相关教学资源，进行自主学习及交流活动。

体例特色

在对众多培训学校目前教学方式、教学内容等方面调研长达一年的基础上，我们有针对性地设计并编写了本书。全书体例特色如下。

FOREWORD

- ☑ **项目导入**：以项目导读的模式引入本项目的教学主题，让读者了解相关知识在实际工作中的应用情况。

- ☑ **知识讲解**：结合读者阅读习惯，以任务驱动的方式将必备的理论知识进行全面且系统的解构，并通过图片、图形和表格等方式，使枯燥的理论知识更加形象化，帮助读者提高学习效率。

- ☑ **实战训练和任务评价**：每个任务完成后，结合实际工作需要给出实战训练，以提高读者的实践能力；完成任务的学习后，要求读者进行相关评价和自我总结。

- ☑ **项目小结**：对每个项目所讲的内容进行一次系统梳理，使读者在学习完每一个项目内容后，通过项目小结重温所学习的内容。

　　本书由上海科技职业技术学院的方佳伟担任主编，遵义职业技术学院的宋英担任副主编。由于编者水平有限，书中难免存在错误和欠妥之处，恳请广大读者批评指正。

编者

2016 年 3 月

目录 —— CONTENTS

CONTENTS

目录 —— CONTENTS

CONTENTS

目录 ── CONTENTS ──

CONTENTS

目录 —— CONTENTS

CONTENTS

目 录 —— CONTENTS

01 项目一
初识电子商务企业运营和管理

项目导入

企业运营和管理是企业经营活动中的主要内容，是对企业活动、资源进行的一系列计划、组织、指挥和协调等工作。企业运营和管理关乎企业的健康发展和企业目标的实现。电子商务企业运营和管理则是企业在电子商务过程中的运营和管理工作，是通过网络技术实现的运营管理活动。在本项目中，我们将了解什么是电子商务企业的运营和管理。

知识目标

- 了解电子商务和电子商务企业
- 了解电子商务企业管理和运营
- 认识电子商务企业运营和管理的重要性

技能目标

- 能够说明电子商务企业运营和管理的基本内容
- 能够说明电子商务企业运营管理的职能要求

素养目标

- 具备一定的企业管理意识
- 具备简单的企业运营技巧

任务 1.1 了解电子商务和电子商务企业

1.1.1　什么是电子商务

电子商务通常是指在全球各地广泛的商业贸易活动中，在互联网（Internet）开放的网络环境下，基于浏览器/服务器应用方式，买卖双方不谋面而进行的各种商贸活动，是实现消费者网上购物、商户之间网上交易和在线电子支付，以及各种商务活动、交易活动、金融活动和相关的综合服务活动的一种新型商业运营模式。

联合国国际贸易程序简化工作组对电子商务的定义是：采用电子形式开展商务活动，它包括在供应商、客户、政府及其他参与方之间通过任何电子工具共享非结构化商务信息，并管理和完成在商务活动、管理活动和消费活动中的各种交易。电子商务让消费者通过网络在网上购物、支付，节省了客户与企业的时间和空间，大大提高了交易效率。

互联网是电子商务的基础，互联网的发展促进了电子商务的形成与发展，此外，电子商务的形成与交易离不开以下 4 方面的关系。

1. 第三方电子商务平台

指在电子商务活动中为交易双方或多方提供交易撮合及相关服务的信息网络系统总和，如淘宝网、京东商城、唯品会、苏宁易购等。

2. 第三方交易平台经营者

指在工商行政管理部门登记注册并领取营业执照，从事第三方交易平台运营并为交易双方提供服务的自然人、法人和其他组织，如淘宝网隶属的阿里巴巴集团等。

3．第三方交易平台站内经营者

指在电子商务交易平台上从事交易及有关服务活动的自然人、法人和其他组织，如淘宝网上网店的店主、从事网上产品销售的公司等。

4．支付系统（Payment System）

由提供支付清算服务的中介机构和实现支付指令传送及资金清算的专业技术手段共同组成，用以实现债权债务清偿及资金转移的一种金融安排，如淘宝的支付宝、各大银行的网络银行系统等。

此外，电子商务还包括消费者、产品和物流等构成要素。

案例一　网络大事件：360 & 腾讯大战

2012 年 11 月 3 日，腾讯宣布在装有 360 软件的计算机上停止运行 QQ 软件，用户必须卸载 360 软件才可登录 QQ，强迫用户"二选一"。这就是 2012 年发生的网络大事件——"360 & 腾讯大战"。这场大战缘于 2012 年双方"明星产品"之间的"互掐"。2010 年 9 月 27 日，360 发布了其新开发的"隐私保护器"，专门搜集 QQ 软件是否侵犯用户隐私。随后，QQ 立即指出 360 浏览器涉嫌借黄色网站推广。双方为了各自的利益，从 2010 年到 2014 年，上演了一系列互联网之战，并走上了诉讼之路。

双方互诉 3 场，奇虎 360 已败诉。其中奇虎 360 控诉腾讯公司垄断案尤为引人注目，2014 年 10 月 16 日上午，最高人民法院判定：腾讯旗下的 QQ 并不具备市场支配地位，驳回奇虎 360 的上诉，维持一审法院判决。该判决为互联网领域垄断案树立了司法标杆。

这起被称为"互联网反不正当竞争第一案"的案件，是迄今互联网行业诉讼标的额最大、在全国有重大影响的不正当竞争纠纷案，也是《中华人民共和国反不正当竞争法》出台多年以来，最高人民法院审理的首例互联网反不正当竞争案，案件本身引发了行业、用户和法律界各方的关注。有行业人士认为，诉讼本身就促进了中国互联网企业创新生态的营造，也推动了中国市场经济的开放与竞争。

持续 4 年之久的"360 & 腾讯大战"终于落下帷幕。

"360 & 腾讯大战"的实质是企业对客户网络入口的争夺，掌握客户网络入口意味着掌握了更多的客户资源。从互联网时代到电子商务时代，客户网络入口日益成为互联网电子商务企业的必争之地，这也是我国互联网与电子商务发展到新阶段的象征之一。

案例二　电子商务：淘宝购物

在消费者信息多元化的 21 世纪，可以首先通过足不出户的网络渠道，如淘宝、京东商城等了解本地商场的商品信息，然后再享受网上购物乐趣，这已经成为消费者的习惯。图 1-1 为淘宝网的首页，先由卖家在其中建立相关的产品网页，消费者通过手机、计算机等设备进入网页，搜索到需要购买的产品，然后通过支付系统购买产品，卖家确认后通过物流发货给消费者，消费者收到产品后再通过该支付系统支付产品费用，卖家通过支付系统获得销售收益。这一过程就是普通的电子商务。

图 1-1　淘宝网首页

1.1.2　电子商务的发展动因

电子商务快速发展的背后有着其深刻动因，这些动因包括技术、环境、政策和电子商务自身的优势。概括来说有以下 3 点。

1．互联网信息技术的发展

互联网是电子商务发展的关键。随着 Internet 和计算机网络技术的飞速发展，网络化和全球化已经成为一种世界性的潮流，联通全世界的电子信息通道已经形成，应用 Internet 开展电子商务业务的条件已经成熟，电子商务已经迎来了长足发展的最好时机。在 20 世纪 90 年代初期，计算机网络技术得到了突破性发展，依托 Internet 的电子商务技术也就应运而生。电子商务是以飞速发展的遍及全球的 Internet 网络为架构，以交易双方为主体，以银行支付和结算为手段，以客户数据库为依托的全新商业模式。它利用 Internet 的网络环境进行快速有效的商业活动，从单纯在网上发布信息、传递信息到在网上建立商务信息中心；从借助传统贸易某些手段的不成熟电子商务交易到能够在网上完成供、产、销全部业务流程的电子商务虚拟市场；从封闭的银行电子金融系统到开放式的网络电子银行。企业在 Internet 上进行的电子商务活动有利于为其增加产值、降低成本和创造商机等。除了 Internet 的发展外，信息技术也得到了全面发展，例如网络安全和管理技术得到了保证，系统和应用软件技术趋于完善等，这一切为电子商务的发展和应用奠定了基础。

2．各国政府的大力支持和推动

电子商务的优势和美好前景已经引起世界各国的广泛关注。它们充分认识到，谁在电子商务领域领先，谁就能在未来的国际市场竞争中赢得先机。于是，各国政府纷纷出台各种鼓励和刺激其发展的政策，以求在这个全新的市场上夺取一席之地。

案例阅读

> 美国是制定全面电子商务政策的第一个国家。1997 年 1 月，针对即将到来的全球性商业网络，美国商务部提出了纲领性的文件——《全球电子商务政策框架》。文件从财务、法律和市场准入 3 个方面，全面阐述了美国电子商务的观点与政策措施。鉴于美国已有 1/5 的企业在线采购，而且其采购额占世界在线采购总额的一半以上，美国积极倡导"网上贸易免税"，并制定了一项至少在一段时间内免征特别税的协议，与欧盟达成一致。现在已有很多国家和地区效仿美国，把电子商务作为发展重点。我国政府一向高度重视发展信息产业，正在大力推进国民经济和社会信息化，特别关注电子商务的发展与应用，并致力于解决电子商务发展过程中的各种问题，从 1988 年至今，我国政府已出台多项关于电子商务的法律法规，旨在保障我国电子商务的发展，同时随着我国电子商务的不断发展，多项促进电子商务发展的政策也相继出台，这大大促进了我国电子商务行业的发展。

3．电子商务的自身优势

电子商务之所以备受青睐，是因为它在改变了传统的面对面直接交易或洽谈方式的同时，创造了新的交易渠道。与传统商务活动相比，电子商务具有许多明显的优势。

（1）降低交易成本

尽管建立和维护公司的网址需要一定的投资，但是与其他销售方式相比，使用互联网已经大大降低了成本。有研究表明，使用互联网作为广告媒介，进行网上促销活动，可增加 10 倍的销售量，而成本只有传统广告及邮寄广告的 1/10。另外，企业在网上提供有效的客户支持服务可以大量减少电话咨询的次数，进而节省大量开支和人员投入。调查表明，借助互联网来创造并销售一种商品或服务，生产成本可能降低 5%～10%。

（2）缩短生产周期

电子商务的实现使生产周期缩短。因为有了网络的协助，企业可以直接联系供货商、工厂、分销商和客户，以电流般的高速度处理各种事务。这不仅加快了订单处理和产品发送，而且缩短了商品的循环周期，节约了用于产品设计的时间。

（3）时间限制减少，商业机会增加

由于世界各地存在时差，进行国际商务谈判就相当不方便。对企业来讲，每天提供 24 小时的客户支持和服务费用相当高。然而，国际互联网为全球的用户提供了不间断的信息源，企业的销售额会因向客户提供 24 小时的网上随时交易服务而增加。

（4）减轻对实物基础设施的依赖

传统企业的创建必须有相应的基础设施支持，如仓储设施、产品展示厅和销售店铺等，而现代企业则通过在国际互联网上设立网页来开辟新的销售渠道。国际互联网络为那些新兴的虚拟运作企业提供了发展机会。在虚拟运作的情况下，企业可以尽量减少库存，或根本不持有库存，也可以不具备实物运作空间。例如，著名的网上虚拟书店亚马逊尽管持有一定的库存，但它除了网址之外根本就没有实体零售店铺。

1.1.3 商业类电子商务企业

商业类电子商务企业的主要经营内容就是在线销售，例如京东商城、淘宝网、亚马逊等在线销售类网站，如图 1-2 所示。

图 1-2 京东商城

商业类电子商务企业根据其交易对象的不同，可以分为以下几种常见的经营模式。

1．B2B（Business to Business）——企业与企业之间的电子商务

B2B 电子商务是指以企业为主体，在企业之间进行的电子商务活动。该模式具体指进行电子商务交易的供需双方都是商家（或企业、公司），它们通过互联网技术或各种商务网络平台完成商务交易。B2B 的代表是阿里巴巴电子商务模式。B2B 主要是针对企业内部以及企业与上下游协作厂商之间的资讯整合，并在互联网上进行的企业与企业间的交易。B2B 借企业内部网（Intranet）建构资讯流通的基础，借外部网络（Extranet）结合产业的上中下游厂商，实现供应链的整合。B2B 电子商务将会为企业带来更低的价格和劳动成本、更高的生产率，以及更多的商业机会。

案例阅读

姚妮自己开了一家美容纤体店，需要很多美容护肤品，到本地的化妆品批发市场拿货价格没有很大的优惠，于是她决定到网上批发，她打开了阿里巴巴网站，如图 1-3 所示，发现了很多专业的化妆品厂商，并且里面的各种产品的价格有很大优惠，于是她通过联系，与一些厂商建立了合作关系，定期从这些厂商处批发各种化妆品，用于自己的美容纤体店，由于化妆品成本下降，姚妮的生意越来越红火。

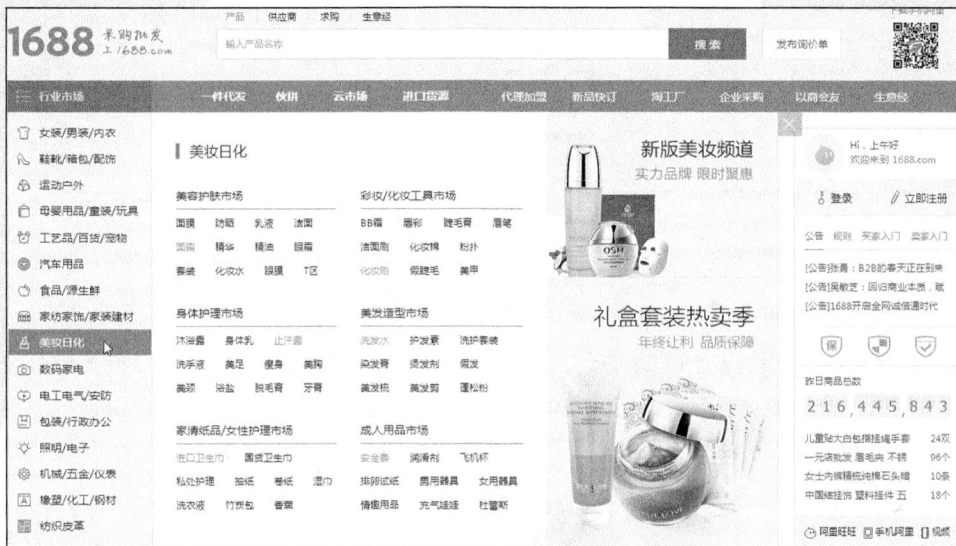

图 1-3 B2B 电子商务模式

2. B2C（Business to Customer）——企业与消费者之间的电子商务

B2C 就是企业通过网络销售产品或服务给个人消费者。这是消费者利用网络直接参与经济活动的形式，类似于商业电子化的零售商务，即企业通过互联网为消费者提供一个新型的购物环境——网上商店，消费者在网上购物、支付，节省了客户和企业的时间和空间，大大提高了交易效率。如今的 B2C 电子商务网站非常多，比较大型的有淘宝网、京东商城、1 号店、亚马逊、苏宁易购和唯品会等。

案例阅读

2015 年下半年，大学刚毕业的刘松决定参加明年的会计从业资格考试，需要购买会计从业资格考试的教材，于是他通过计算机进入京东商城，输入"会计从业资格考试教材 2016"，并选择一个销量和评价都比较好的教材套装进行购买，如图 1-4 所示。一天后，刘松收到了教材，他很满意，经过认真学习，通过了会计从业资格考试。他认为这是一次满意的购物，于是经常在京东商城购买各种商品。

图 1-4　B2C 电子商务模式

3. C2C（Consumer to Consumer）——消费者与消费者之间的电子商务

C2C 是指消费者与消费者之间的互动交易行为，这种交易方式是多变的。C2C 商务平台就是通过为买卖双方提供一个在线交易平台，使卖方可以主动提供商品上网拍卖，而买方可以自行选择商品进行竞价。此外，网上的二手商品交易，以及以物易物的行为都可以归入 C2C 模式。

案例阅读

宋天卉刚拿到驾照，想买一辆二手汽车，去二手汽车市场看了看，发现都是商家在销售，价格太高，于是她到 58 同城上查找二手汽车的相关信息，如图 1-5 所示。后来她找到一辆合适的汽车，并与车主直接交易，避免了中间商赚取差价。

图 1-5　C2C 电子商务模式

4．其他模式

除以上 3 种主要的电子商务模式外，还有 B2G 模式、B2T 模式、ABC 模式、B2M 模式、O2O 模式和 P2D 模式等。

（1）B2G（Business to Government，企业对政府）

B2G 是企业与政府管理部门之间的电子商务，如政府采购、海关报税的平台、国税局和地税局报税的平台等。

（2）B2T（Business to Team，企业对团队）

B2T 这种模式的代表方式就是网络团购，团购是一种新的消费方式，是指互不认识的消费者借助互联网来聚集资金，加大与商家的谈判能力，以求得最优的价格。网络团购这种新的消费方式在各大城市已经非常流行。比较大型的 B2T 网站有美团网、聚美优品和百度糯米等。

💲 案例阅读

上海某公司的公关部经理王爽要接待来自四川的客户，她直接在百度糯米上输入相关信息，搜索得到图 1-6 所示的网页。她从中选择并预定了一份商务套餐，为晚上公司宴请客户做好了准备。对于团购这种方式，她经常使用，非常方便，也为公司省了不少费用。

图 1-6 B2T 电子商务模式

（3）ABC（Agents、Business、Consumer，代理商、企业、消费者之间）

ABC 是一种新型电子商务模式，代理商、企业和消费者共同搭建集生产、经营、消费于一体的电子商务平台，三者之间可以转化，相互服务，相互支持，真正形成一个利益共同体。

（4）B2M（Business to Manager，企业对管理者）

B2M 是一种全新的电子商务模式，其目标客户群是该企业或者该产品的销售者或者为其工作者，而不是最终消费者。

（5）O2O（Online to Offline，线上对线下）

O2O 是一种新兴的电子商务模式，它将线下商务的机会与互联网结合在一起，让互联网成为线下交易的前台。如饿了么、美团外卖等，其通过搜索引擎和社交平台建立海量网站入口，将网络上的美食消费者吸引到自己的网站，进而引流到当地的实体店中，线下的实体店则承担产品展示与体验的功能。

（6）P2D（Provide to Demand）

P2D 是一种以供需方为目标的新型电子商务，是一种涵盖范围更为广泛的电子商务模式。在 P2D 电子商务模式中，每个参与个体的供应面和需求面在特定的电子商务平台中都能得到充分满足，充分体现特定环境下的供给端报酬递增和需求端报酬递增。

1.1.4　服务类电子商务企业

服务类电子商务企业是伴随电子商务的发展、基于信息技术衍生的为电子商务活动提供服务的企业。服务类电子商务企业主要是为交易类电子商务企业提供各种配套服务，服务内容主要包括交易服务、业务支持服务及信息技术系统服务。

1. 交易服务

交易服务是指服务类电子商务企业为交易类电子商务企业在交易过程中提供的一系列服务，包括支付、信誉担保等服务内容。

案例阅读

支付宝是我国国内领先的第三方支付平台，主要致力于提供"简单、安全、快速"的支付解决方案。支付宝公司从 2004 年建立开始，主要提供支付及理财服务，包括网购担保交易、网络支付、转账、信用卡还款、手机充值、水电气缴费和个人理财等，为很多交易类电子商务企业提供安全可靠的支付服务。图 1-7 为支付宝企业版登录页面。

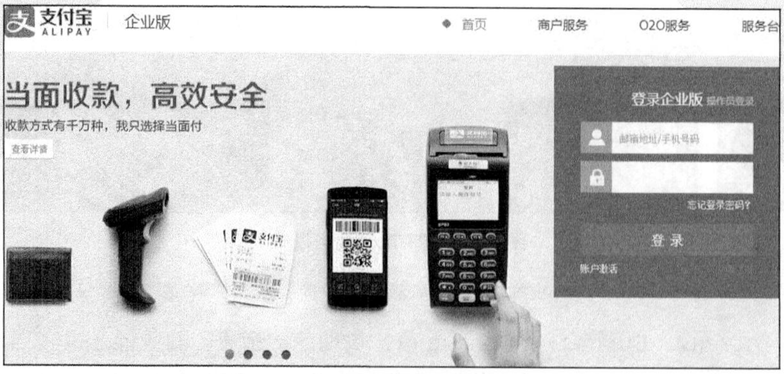

图 1-7　支付宝企业版登录页面

2. 业务支持服务

业务支持服务是指服务类企业为交易类企业提供的一系列交易支持服务，包括物流服务、平台服务、管理服务和运营服务等多项内容。

物流服务是很多在线交易企业必不可缺的服务，第三方物流服务企业可以为交易类企业提供完善的物流服务，提供客户订货、运输、储存、装卸、包装、流通加工和配送等服务，图 1-8 为普通的 B2C 电子商务物流服务的流程图。在我国，第三方物流配送服务企业发展迅速，为交易类电子商务企业的发展提供了巨大的帮助。

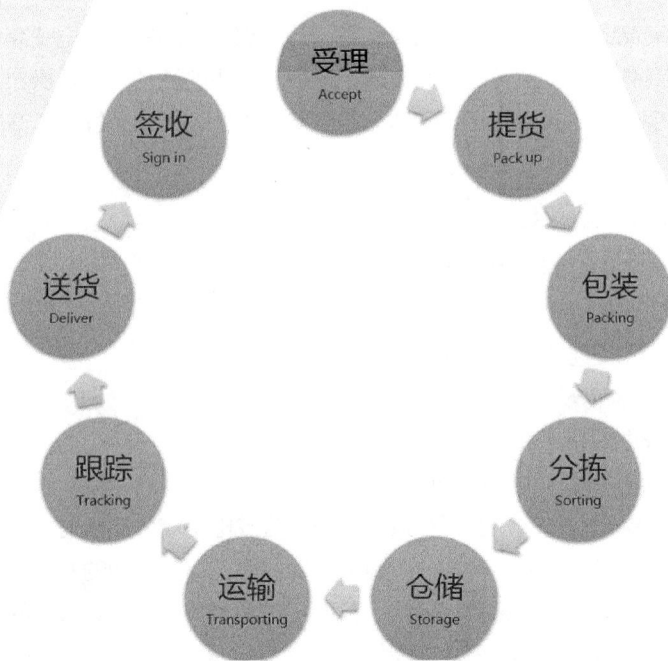

图 1-8　B2C 电子商务物流服务流程

3. 信息技术服务

信息技术服务类企业是指向客户提供信息技术服务的企业。其中，信息技术服务是指通过促进信息技术系统效能的发挥，来帮助用户实现自身目标的服务。信息技术服务主要包括八大类：信息技术咨询、信息技术运维、设计开发、测试、数据处理、集成实施、培训、信息系统增值。其中，与电子商务紧密相关的服务是信息技术咨询，主要功能是协助需求方评估各种 IT 技术的顾问服务，具体包括 IT 战略规划及实施计划、IT 系统设计、IT 管理和 IT 工程监理等咨询服务。

　　埃森哲公司是全球最大的管理咨询公司和技术服务供应商，全球最大的管理咨询、信息技术和业务流程外包的跨国公司。埃森哲通过企业策略、业务流程、信息技术和人员组织的紧密结合，帮助客户实现具有深远意义的变革，提高客户的绩效水平，并以出众的领导能力、成功决心、专业服务和质量承诺在客户中享有盛誉。对于电子商务的运营管理，该公司通过有预见性的效益分析，帮助客户制订切实有效的电子商务方案，并帮助客户更快地实现这些方案，为客户提供全新的见解和卓越的方法，克服或者完全避免在实现电子商务过程中遇到的各种障碍。

1.1.5　电子商务与传统商务的对比与关系

　　传统商务是包含商品的生产、流通、结算所进行的全部活动的总称，电子商务则可以简单地看着是利用互联网进行的商务活动。学习电子商务除了分析其产生的活动流程及操作方式外，还特别需要研究由电子商务的出现而引起的商务规则和理念的变革。因此，需要了解电子商务与传统商务之间的对比与关系。

1．电子商务与传统商务的共同点

　　电子商务与传统商务的共同点主要表现在以下 4 个方面。

　　（1）两者都需要自己的活动空间

　　该空间主要都包括：交易的场所、交易的区域、交易的主体。

　　（2）两者都以货币为媒介

　　两者都按市场要求进行商品资源配置。

　　（3）两者的商务活动都是一种严肃的社会行为

　　为了从法律上保证购销双方的权益，在进行传统商务或电子商务活动时，双方必须以真实的身份进入市场，提供真实的资料和产品。参与传统商务活动或电子商务活动的双方在对方没有授权可公开资料的情况下有义务为对方的产品保密。目前，我国正在加紧《电子商务法》的立法工作，这将会促进我国电子商务的健康发展。

　　（4）两者的物流作业流程一样

　　两者的目的都是要将用户所订的货送到用户手中。基本的业务流程一般都是进货、进货检验、分拣、储存、拣选、包装、分类、组配、装车及送货等。

2．电子商务与传统商务的区别

　　电子商务与传统商务的区别则表现在以下 4 个方面。

　　（1）两者的运作过程不同

　　传统商务交易过程中的实务操作由交易前的准备、贸易磋商、合同的签订与执行、支付与清算等环节组成。

　　① 交易前的准备。交易双方都了解有关产品或服务的供需信息后，就开始进入具体的交易协商过程。

② 贸易磋商。实际上是交易双方进行口头协商或书面单据的传递过程。书面单据包括询价单、订购合同、发货单、运输单、发票和验收单等。

③ 合同的签订与执行。在传统商务活动中，交易协商过程经常是通过口头协议来完成的，但在协商后，交易双方必须以书面形式签订具有法律效应的商贸合同，来确定磋商的结果和监督执行，并在产生纠纷时通过该合同由相应机构进行仲裁。

④ 支付与清算。传统商务活动的支付一般有支票和现金两种方式，支票方式多被用于企业的交易过程。

电子商务的运作过程虽然也有交易前的准备、贸易磋商、合同的签订与执行以及资金的支付等环节，但各环节的具体运作方法是完全不同的。

① 交易前的准备。在电子商务的模式中，交易前的准备、交易的供需信息一般都是通过网络来获取的，这样双方的信息沟通具有快速、高效的优点。

② 贸易磋商。在电子商务中，双方的协商过程是将书面单据变成电子单据并且在网络上实现传递。

③ 合同的签订与执行。电子商务环境下的网络协议和电子商务应用系统的功能保证了交易双方所有的交易协商文件的正确性和可靠性，并且在第三方授权的情况下具有法律效应，可以作为在执行过程产生的纠纷的仲裁依据。

④ 资金的支付。电子商务中交易的资金支付一般采取网上支付的方式。

（2）两者对制造商的定义不同

传统商务中制造商是商务中心，而在电子商务环境下销售商则是商务的主体。

在传统商务中，制造商负责组织市场的调研、新产品的开发与研制以及组织产品的销售，因而可以说一切活动都离不开制造商。但在电子商务环境下，由销售商配合负责销售环节，包括产品网站建立与管理、网页内容设计与更新、网上销售的所有业务及售后服务设计、组织与管理等，制造商不再起主导作用。

（3）两者的商品流转的机制不同

传统商务的商品流转是一种"间接"的流转机制，制造企业生产的商品大部分经过一系列中间商，才能最终到达用户手中。这种流转机制给商品流通增加了许多无谓环节，也增加了相应的流通、运输、存储费用，加上各个中间商都要获取自己的利润，这样就造成了商品的出厂价与零售价有很大价差。一些制造企业采取的直销方法（把商品直接送到商场上柜销售），虽然降低了商品价格，但并不能给制造企业带来更大的利润，因为直销方式要求制造厂商有许多销售人员经常奔波在各个市场之间，增加了人工成本。

电子商务则可以使每一种商品都能够建立最直接的流转渠道，制造厂商可把商品直接送达用户那里，还能从用户那里得到最有价值的需求信息，实现无阻碍的信息交流。

（4）两者所涉及的地理范围和商品范围是不同的

传统商务所涉及的地理范围和商品范围是有限的，而随着网络的推广与普及，特别是各类专业网站的出现，电子商务所涉及的地理范围和时间则是无限的，是超越时空的。

3. 电子商务与传统商务的关系

电子商务与传统商务之间是相互关联的，主要表现在以下3个方面。

① 电子商务的物流系统可以建立在传统商务的物流系统的基础上，这样会更容易充分利用物流资源。

② 电子商务下的客户可能就是传统商务下的客户群，从某种意义上讲，电子商务是传统商务的发展。

③ 电子商务许多活动的操作方式沿袭了传统商务中的活动的操作方式，并对其加以改进延伸，使之能够适应新的商务条件。另外，传统商务已有的销售渠道、信息网络等也可以为电子商务所用。

1.1.6　我国电子商务的发展历程

1987 年，清华大学的钱天白向德国发出第一封电子邮件，揭开了我国使用互联网的序幕；1989 年，我国开始建设互联网；1994 年，我国第一个全国性的 TCP/IP 互联网工程建成；1998 年 3 月 18 日在北京发生的中国内地第一笔 Internet 交易成功，标志着我国真正进入了电子商务时代。

我国的电子商务发展大致上经历了以下 4 个阶段。

1．1993—1998 年起步阶段

1993 年成立国民经济信息化联席会议及其办公室，相继组织了金关、金卡、金税等"三金工程"，取得了重大进展。1996 年，全桥网与因特网正式开通。1997 年，信息办组织有关部门起草中国信息化规划。同年，我国第一家垂直互联网公司——浙江网盛科技股份有限公司诞生。1998 年 3 月，我国第一笔互联网网上交易成功。

2．1999—2002 年初步发展阶段

1999 年 3 月，8848 等 B2C 网站正式开通，网上购物进入实际应用阶段。同年，政府上网、企业上网、电子政务、网上纳税、网上教育和远程诊断等广义电子商务开始启动，并且已有试点进入实际试用阶段。在该阶段中，我国的网民数量与今天相比是寥寥无几，根据 2000 年年中公布的统计数据，我国网民数量仅 1000 万，并且该阶段网民的网络生活方式还仅仅停留于电子邮件收发和新闻浏览的阶段。网民未成熟，市场未成熟，以 8848 为代表的 B2C 电子商务站点成为当时盛极一时的旗舰企业。在该阶段发展电子商务的难度相当大。

3．2003—2006 年高速增长阶段

在该阶段，当当、卓越、阿里巴巴、慧聪、全球采购、淘宝这几个响当当的名字成了互联网江湖里的热点。这些生在网络、长在网络的企业，在短短的数年内崛起，和网游、SP 企业（移动互联网服务内容应用服务的直接提供者，负责根据用户的要求开发和提供适合手机用户使用的服务）等一起搅翻了整个通信和网络世界。该阶段对电子商务来说最大的变化有 3 个：大批网民逐步接受了网络购物的生活方式，而且这个规模还在高速扩张；众多中小型企业从 B2B 电子商务中获得了订单，获得了销售机会，"网商"的概念深入商家之心；电子商务基础环境不断成熟，物流、支付、诚信瓶颈得到基本解决，在 B2B、B2C、C2C 领域里，都有不少网络商家迅速成长，积累了大量电子商务运营管理经验和资金。

4．2007 年以后电子商务纵深发展阶段

该阶段最明显的特征就是，电子商务已经不仅仅是互联网企业的天下。众多传统企业和大量资金流入电子商务领域，使得电子商务世界变得异彩纷呈。B2B 领域的阿里巴巴、网盛上市，标志着电子商务的发展步入了规范化、稳步发展阶段；淘宝的战略调整、百度的试水，意味着 C2C 市场不断优化

和细分；京东商城、亚马逊、唯品会的火爆，不仅引爆了整个 B2C 领域，而且让众多传统商家按捺不住，纷纷跟进。

实战训练

1. 根据前面介绍的电子商务模式，在网上搜索对应的网站，并记录网站的名称。
2. 以小组为单位，每个小组测试一种电子商务的模式，分析该种模式具备电子商务的哪些功能。
3. 以小组为单位，分别在不同的电子商务网站购买电影票，分析哪种模式的网站更加便宜。

任务评价

自我评价

主要内容	自我评价等级（在符合的情况下面打"√"）			
	全都做到了	大部分（80%）做到了	基本（60%）做到了	没做到
搜索电子商务网站				
测试电子商务模式				
网上购买电影票				
自我总结 我的优势				
我的不足				
我的努力目标				
我的具体措施				

小组评价

主要内容	小组评价等级（在符合的情况下面打"√"）			
	全都做到了	大部分（80%）做到了	基本（60%）做到了	没做到
搜索电子商务网站				
测试电子商务模式				
网上购买电影票				
建议				

组长签名：　　　　　年　月　日

教师评价

主要内容	教师评价等级（在符合的情况下面打"√"）			
	优秀	良好	合格	不合格
搜索电子商务网站				
测试电子商务模式				
网上购买电影票				
评语				

教师签名：　　　　　　　年　　月　　日

任务 1.2　了解电子商务企业运营和管理

📄 任务目标

了解电子商务企业运营和管理的目标。

了解电子商务企业运营和管理的内容。

📝 任务描述

通过对电子商务企业运营的基本介绍，让学生了解电子商务企业运营和管理的目标及内容。

⚙ 任务实施

1.2.1　电子商务企业运营的案例

在电子商务企业运营中，许多经典案例深刻地影响着我们，也值得我们学习和借鉴。以下是电子商务领域的几个经典案例，看看这些电子商务企业是怎么玩转电子商务运营的。

💲 案例阅读

案例一　新浪：欢乐购车季

新浪汽车联合新浪微博，打造首次社会化电子商务购车活动，为汽车品牌解决四大困扰问题，全方位基于社交大数据产品，针对汽车行业互联网用户行为进行汽车电子商务创新，如图

1-9 所示。2014 年 6 月，中国最大的泛社交平台微博重新回归 Alexa 网站排名的前 20 位，微博的泛社交媒体属性依然明显，从 2014 年初发生的一系列社会性、娱乐性事件可以看出，越来越多的用户回归微博平台，以快速通过泛社交的方式获取信息，并由此展开二次传播及分享。截至 2015 年初，微博用户达到 1.6 亿的月活跃量。

图 1-9　新浪欢乐购车季

微博欢乐购车季首次启动，便交出了极为漂亮的成绩单，超过 10 亿元的成交金额，说明了网友对欢乐购车季活动的认可，也印证了微博电子商务的无限潜力与价值，以及新浪汽车在用户中无可置疑的影响力。这缘于新浪汽车门户、移动端和微博资源的整合。本次活动打通了从导购到潜客搜集、信息推送、用户沟通再到订购车辆的各个环节，实现了一站式服务。

案例二　苏宁：互联网思维的"解冻"

苏宁积极应战冰桶挑战，对热门事件营销的效率还是很高的。第一个在自家门口摆出了"ALS"的形状，现场数十名员工像多米诺骨牌一般一个接一个快速完成挑战，加上现场航拍的助兴和集体捐款赢得的口碑，苏宁线下的卖力高调表演，自然也给势头正足的线上 8·18 大促销增添了不少人气。苏宁此次线上的重头戏闪拍也应势拍出了"冰桶价"。苏宁凭借双线组合营销的战略，打出了 O2O 模式反攻的第一炮，算是赚足了消费者和媒体的眼球，图 1-10 为苏宁易购官网页面。

苏宁的互联网思维在炎热的天气里随着浇到头上的冰块一起解冻了，"奶粉险"等颇具互联网思维的产品也应运而生。一旦传统零售业插上了互联网的翅膀，就算背着沉重的"包袱"也能飞起来，顺势而为，苏宁电子商务的强势回归就只是时间问题了。

图 1-10　苏宁易购官方网站

案例三　士力架"饿货拳"：让广场舞为年轻人"洗脑"

该广告片由憨豆先生罗温·艾金森主演，由好莱坞著名制作团队完成，讲述了憨豆先生穿越时空到了中国唐朝，意外卷入一场江湖斗争，与同伴一起飞檐走壁，潜入武林盟主家中盗取中原武林秘籍。笨拙搞笑的憨豆先生状况频出，惹出各种乌龙事件，最终却意外完成任务。错误频出的憨豆先生，靠着士力架得以化险为夷。

之前网上曾传出憨豆先生复出接拍武打片《东游盗武之憨豆的假期》，更曝光过一段憨豆先生武打片的预告。如今士力架官方放出这段 60 秒的微电影，将当时片中模糊部分补齐，观众才知道原来是士力架的品牌推广微电影（通常在互联网中播放），如图 1-11 所示。

图 1-11　士力架广告

士力架巧克力的"饿货拳"营销广告不是一部单纯的 TVC（Television Commercial，特指以电视摄像机为工具拍摄的电视广告影片）。营销主题依然延续了该产品"一饿就不是你了"的诉求，但与以往纯 TVC 创意不同的是，围绕憨豆先生进行了周边传播，使得 TVC 本身成了病毒式传播的传播源。随着互联网在营销活动中所占的比例越来越大，营销思路不可避免地要跟上互联网发展的潮流。

1.2.2 电子商务企业运营的目标和内容

电子商务运营从名称上分为 E-Commerce（电子商务）和 Operation（运营）两个部分。其中，运营包括电子商务平台（企业网站、论坛、博客、微博、商铺、网络直销店等）建设、各搜索产品优化推广、电子商务平台维护重建与扩展，以及网络产品研发及盈利等。

1．运营目标

企业运营目标是在一定时期企业生产经营活动预期要达到的成果，一般有以下几种。

（1）经济目标

企业运营活动需要达到的企业经济增长目标。

（2）客户目标

了解客户需求，达到客户数额、客户忠诚度和客户发展等方面的既定目标。

（3）行业目标

行业地位和企业的持续增长力目标。

（4）员工目标

团队协作能力、员工发展和团队领导力目标。

（5）社会目标

承担的社会责任和社会活动效果目标。

2．运营内容

电子商务企业运营应包括网站需求分析和整理、频道内容建设、网站策划、产品维护和改进、效果数据分析、部门沟通与协调 6 个方面的具体内容。

（1）需求分析和整理

网站运营人员最重要的工作就是了解需求；在此基础上，提出网站具体的改善建议和方案。对这些建议和方案当然不能囫囵吞枣，而是要与大家一起讨论分析，确认是否具体可行；必要时，还要进行调查取证或分析统计，综合评出这些建议和方案的可取性。

创新直接决定了网站的特色，有特色的网站才会更有价值，才会吸引更多的用户。例如，在新浪网所有编辑后的文章里，常会提供与内容极为相关的其他内容链接，这充分考虑了用户的兴趣需求，也增加了用户在网站的停留时间，这种细节创新就是基于对用户需求的把握而产生的。

另外，需求的分析还包括对竞争对手的研究，研究竞争对手的产品和服务是否存在创新，并借鉴其具有价值的部分为自己所用。

（2）频道内容建设

频道内容建设是网站运营的重要工作，通常网站的内容决定了网站的性质，建设频道的内容也就决定了网站的内容。也有一些功能性的网站，如搜索、即时聊天等，虽然提供的功能比较单一，但使用这个功能的最终目的仍然是获取想要的信息。

频道内容建设的大部分工作是由专门的编辑人员来完成的。工作内容包括频道栏目规划、信息编辑和上传、信息内容的质量提升等。内容建设是长期积累的过程，网站内容质量的提升应当是编辑人员最终的追求目标。编辑人员的工作也属于网站运营范畴，他们也属于网站运营的重要成员。很多时候，网站编辑人员承担着网站运营人员的角色，不仅要负责信息的编辑，而且要辅助提出需求、编制运营方案等。

（3）网站策划

策划是建设网站的关键，只有前期做好了充分准备工作，最终才可能建成好的网站。网站策划包括前期市场调研、可行性分析、策划文档撰写和业务流程说明等内容。具体到文章标题和内容怎么显示，功能键怎么摆放，以及广告如何展示等，都需要进行合理和科学规划。

通常所说的页面规划和网站策划是不同的。页面规划较为初级，而网站策划则上升到了更高级的层次。对于运营人员策划的方案内所给出的初级规划，设计人员填图加色，使之变成美观的页面，才能够让客户或用户得到好感。

（4）产品维护和改进

产品的维护和改进工作，其实与前面讲的需求分析和整理有一些相似之处，但它更强调的是产品的维护工作，也就是对顾客已购买产品的维护工作，以及响应顾客提出的问题等。

电子商务公司都有较多的客户服务人员（简称"客服"），但客服通常对技术、产品等专业性问题不了解，就无法对顾客的疑问做出很好的解答。这时就需要运营人员分析和预判客户的问题，并给出合理的解答，由客服把答案传递给客户，或者客服把问题转交技术人员处理。从这个角度来说，客服人员是运营人员的"顾客"。此外，产品维护还包括制定和改变产品政策、进行良好的产品包装和改进产品的使用体验等内容，这些可以划分到需求分析和整理方面，这里不再赘述。

（5）效果数据分析

效果数据分析是指将网站划分为阶段性数据进行分析并整理，是指导可持续性运营策略的重要工作。可以根据用户习惯来调整网站方向，对网络媒介的每一个细节进行分析，完成和提高网站对用户的黏性，提高吸引力及网站关注度。通过分析页面访问记录来实施，也可通过在线调查问卷的形式获取更多的用户体验。总之，只有以数据分析来指导运营，才能有的放矢，抓住核心，抓住用户，更好地提升运营效果。这个环节虽然枯燥，却是非常重要的不可或缺的内容。

（6）部门沟通与协调

这一部分的工作内容更多体现的是管理角色，运营人员因为深知整个网站的运营情况，知识面相对来说比较全面，与技术人员、美工、测试与业务的沟通协调工作，更多的是由运营人员来承担。

运营人员的沟通协调能力是必不可少的，与其他部门人员的沟通与协调是运营人员的日常工作之一。

案例阅读

一名电子商务运营人员的日常工作

淘宝、天猫商城的电子商务运营人员，需要整理每日、每周、每月监控的数据：流量数据、营销数据、交易数据、产品管理数据、客户管理数据；负责制订淘宝、天猫商城店铺的年度、季度、月度运营策略计划并有效执行。

电子商务运营人员需要对淘宝、天猫等店铺开展运营推广工作，可结合各种互联网资源进行有效的广告宣传和促销推广，提高店铺流量、转化率、成交量，完成店铺销售任务；根据公司产品特色和促销活动，进行有针对性的营销推广，并定期针对推广效果进行跟踪、评估和统计分析，及时提出营销改进方案；负责电子商务营销团队的组建与管理；负责企业网站、企业产品等电子商务渠道的营销推广策划工作；给出切实可行的改进方案；对公司网络营销电子商务相关安排及资源进行分配管理；负责协助产品销售的售前、售中、售后监督工作，配合企业产品及营销目标提出整体实行方案；完成公司产品电子商务操作的方案策划与写作工作。

电子商务运营人员负责天猫直通车、淘宝客和钻石展位等淘宝推广工具的操作和优化；负责"爆款"的选款、打造；负责统计、分析推广数据及效果，并不断做出优化方案。

根据公司的总体规划战略，电子商务运营人员负责公司电子商务业务发展规划和电商产品规划；组建公司电商团队；分析总结竞争对手、行业信息和公司产品信息等调研信息，确定调研结果，为公司的总体战略制定提供相关依据。

电子商务运营人员负责公司网上销售平台搭建，承担 B2B、B2C 市场开拓，线上产品的网络营销及品牌推广；电子商城网站的开发、维护、创新及推广工作，维护与其他网上商城平台业务对接联络及合作拓展。

电子商务运营人员需要进行管理与维护工作，维护良好的客群关系；负责物流的配送管理，以及与其他各部门的协调工作；保持良好的沟通，确保公司推广活动的顺利开展以及日常网站的监察等。

1.2.3 电子商务企业管理的案例

要了解电子商务企业的管理，最好的方法就是通过具体的案例学习这些电子商务企业是怎么玩转电子商务管理的。

案例阅读

2013 年上半年，苏宁迎来了互联网零售商的转型。苏宁首先启用"苏宁云商"这一新名称，全面转型"云商"发展模式，完成配套组织架构的调整，建设线上线下一体化的组织及流程，大力推进资源有效整合，于 6 月实施"线上线下同价"举措。如图 1-12 所示，苏宁开启了 O2O 融合发展新道路。

图 1-12　苏宁电子商务企业管理新模式

1. "云商"新模式、新组织、新VI

2013年苏宁全力转型提速，对企业发展模式进行了全新定义，明确"云商"模式、"店商+电子商务+零售服务商"，即致力于打造线下连锁店面平台和线上电子商务两个平台，以云技术为支撑，以开放平台为架构，服务全产业，服务全客群，形成多渠道融合、全品类经营、开放平台服务的业务形态。

为推进"云商"模式的落地，苏宁对组织架构进行了全面调整和优化，完成从总部-大区-终端的云商组织架构搭建。总部层面，设立连锁开发、市场营销、服务物流、财务信息和行政人事5大管理总部，负责战略规划、标准制定、计划管控和资源协调；经营层面，设立线上电子商务、线下实体连锁以及商品经营3大经营总部，涵盖实体产品、内容产品、服务产品3大类28个事业部，形成"平台共享+垂直协同"的经营组合，支撑线上线下融合发展和全品类拓展；大区层面，进一步实施扁平化管理，建立"大区-城市终端"两级管理体制，并扩充大区和城市终端数量，增强区域化运营和本地化服务能力，提升运营效率。

为进一步体现公司全品类经营以及公司线上线下融合创新，为客户带来时尚、多彩的购物体验，苏宁还同步对VI（Visual Identity，视觉识别）进行优化，启用新VI系统。

2. 双线同价，践行O2O互联网零售新模式

苏宁O2O模式全面运行，并顺利实施组织搭建、供应链管理和产品拓展等项目，保障线上线下同价，进行多渠道融合。

（1）组织搭建

按照整合前台后台、融合线上线下的思路，通过实行大事业部制，整合面向线上线下统一采购、统一运营和统一服务的大商品经营平台，组建完成相匹配的商品经营组织架构，从组织上保障同价的运行。

（2）供应链管理

实现线上线下商品库存的统一共享，实现产品型号线上与线下完全打通；同时按照商品品类进行库存管理布局，实现3C、大家电产品的全国布局，以及配件、百货、日用品、母婴用品、化妆品和图书等非电器品类在全国重点区域仓库的布局，有效提高供应链运作效率。

（3）产品拓展

进一步明确新品类拓展的思路与方向，以线上为切入点，线下同步发展，加快母婴用品、日用品和百货的拓展速度；同时通过打造自主品牌、定制包销和产品主推等多种差异化采购方式，扩充自主产品品类，进一步确保产品协同。

3. 强化电子商务平台运营能力

强化电子商务平台运营能力主要从组织管理、用户体验、产品及服务拓展、市场推广和开放平台筹备几个方面进行。

（1）组织管理

完成互联网模式下的组织架构整合，一切以客户为导向，注重电子商务平台的运营推广和用户体验的不断优化；同时，调整优化线上内部运营考核指标体系，提升内部管理效率。

（2）用户体验

细分用户体验核心流程产品线，包括会员、购物车、支付和我的易购等，在基础环节上进

一步研究客户体验需求，提升客户一站式购物体验。

（3）产品及服务拓展

加大金融、商旅服务的产品开发力度，推出供应链融资业务、国际机票业务等；进一步丰富产品频道，实现苏宁易购游戏平台、苏宁本地生活频道上线；加快移动客户端建设，推出"附近苏宁"功能。

（4）市场推广

苏宁采取针对性的品牌推广策略，第二季度以来，苏宁易购通过一系列青春话题营销，成功塑造了电子商务平台年轻化、多元化的品牌形象；开展针对性营销，建立覆盖全国的推广网络营销渠道，有效利用苏宁实体平台落地宣传，通过与用户进行更加直接的交流，建立并巩固用户对苏宁的认可。

（5）开放平台筹备

在研发设计、商家政策和消费者服务等方面进行全面考虑安排，规划利用公司在金融、物流、供应链管理和推广服务等方面的各种资源优势，为商户提供多样化的服务，形成苏宁开放平台的独特竞争力。

4．持续推进后台平台建设以及物流能力建设

截至目前，苏宁已在 15 个城市建成物流基地并投入使用，同时哈尔滨、南昌、包头和贵阳等 14 个物流基地在建，另外 13 个城市物流基地完成土地签约，其他项目已基本落实选址；此外，苏宁加快推进全国 12 个小件商品自动分拣仓库的建设，位于北京、南京和广州的自动化分拣仓库项目已投入使用，另外位于沈阳、上海和重庆等地的小件商品自动分拣仓库项目也在加快推进；在现有状况下，公司通过增加仓库面积、完善运作流程等满足小件商品的仓储、周转需求。

（1）物流配送

进一步提升大件商品配送能力，基本可实现县级城市次日送达能力，并延伸至乡镇市场；充分运用门店资源，提高"最后一公里"配送效率，中国内地已完成 1300 家店面快递点建设，以及相应的团队、流程和服务体系建设，同时推进门店自提和服务网点的建设，已初步完成所有旗舰店和超级店自提点和服务点建设工作。

（2）售后服务建设

在"整合社会资源，建设服务管理平台"的售后服务战略定位下，2013 年公司大力推进服务网络升级及管理标准化工作。截至 7 月，苏宁与 3000 家核心电器服务商建立了售后业务合作关系，实现了全品类、全区域和全时段的服务纵深覆盖；通过自动化派工、手持终端实现了对服务质量的全透明扁平化管理，建立了服务商绩效管理杠杆，实现了对服务商的持续动态优化调整。

（3）信息平台建设

基于 IT 人才、全球技术分布考虑，2013 年上半年公司完善南京研发中心的人才引进、内部管理、研发能力及系统优化；推进北京研发中心的运行；完成美国硅谷研究院的选址、高层人员引进，第四季度将正式推进美国硅谷研究院的运行，从大数据、搜索、推荐，以及美国前沿商业模式研究开展工作；同时上海研发中心也在筹备中。公司信息体系研发人员数量已达

3000 人，团队建设成效显现，形成了开放、分享和创新的互联网文化氛围。在与业务体系充分整合的基础上，信息体系加速产品开发，推进重点项目建设，完成重大项目 30 多个，优化项目超过 1200 个。

（4）人力资源平台建设

企业文化方面，随着"云商"模式转型的深入，公司积极探索研究互联网创新环境下企业文化的变革方向。

（5）激励考核制度建设

公司配合新业务、新组织，建立系统全面的激励考核制度，实行全员考核，针对经营体系，围绕最终经营结果，强化刚性考核，加大激励力度；在内部管理方面，综合运用绩效考核、过程管控和检查审计等多种手段，加大针对结果的考核力度和权重，精简流程，提高运营效率。

1.2.4 电子商务企业管理的目标和内容

电子商务企业管理是指为实现企业战略目标，管理者对企业的生产经营活动进行的计划、组织、指挥、协调和控制等一系列活动。

1. 管理目标

电子商务企业管理活动的目标包括提高企业的运作效率、让企业有明确的发展方向、使每个员工都充分发挥他们的潜能、向顾客提供满意的产品和服务及树立企业形象等。管理就是效益，企业优化自身管理的最终目的是提高企业的经济效益。

2. 管理内容

电子商务企业的日常管理工作包括战略管理、资源管理、风险管理、客户关系管理和供应链管理 5 项内容，如图 1-13 所示。

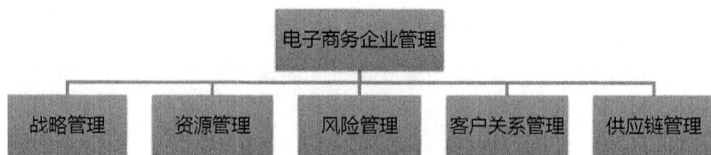

图 1-13 电子商务管理的日常管理工作

（1）战略管理

战略管理是指对一个企业或组织在一定时期的全局的、长远的发展方向、目标、任务和政策，以及资源调配做出的决策和管理活动，包括公司在完成具体目标时对不确定因素做出的一系列判断，以及公司在环境检测活动的基础上制定的战略等。

（2）资源管理

资源管理又分为人力资源管理和物力资源管理。人力资源管理是指通过招聘、甄选、培训和报酬等管理形式对组织内外相关人力资源进行有效运用，满足组织当前及未来发展的需要，保证组织目标实现与成员发展的最大化的一系列活动。具体包括预测组织人力资源需求并做出人力需求计划、招聘选择人员并进行有效组织、考核绩效支付报酬并进行有效激励、结合组织与个人需要进行有效开发，以便实现最优组织绩效的全过程。物力资源管理是指对企业生产经营所需的各种物资、设备进行计划、采购、使用和节约等组织和控制，这关乎企业生产经营的正常连续进行和流动资金的节约。

（3）风险管理

风险管理是企业用以降低风险的消极结果的决策过程，基于风险的识别、估测和评价工作，选择与优化组合各种风险管理技术，对风险实施有效控制和妥善处理风险所致损失，从而以最小的成本获得最大的安全保障。

（4）客户关系管理

客户关系管理是企业为提高核心竞争力，利用相应的信息技术以及互联网技术来协调企业与顾客间在销售、营销和服务上的交互，从而提升其管理方式，向客户提供创新式的个性化的客户交互和服务的过程。其最终目标是吸引新客户和保留老客户，以及将已有客户转为忠实客户，并增加产品的市场份额。

（5）供应链管理

供应链是由供应商、制造商、仓库、配送中心和渠道商等构成的物流网络。供应链管理是指使供应链运作最优化，以最少的成本，令供应链从采购开始，到满足最终客户的所有过程。供应链管理通过协调企业内外资源来共同满足消费者需求，当我们把供应链上各环节的企业看作一个虚拟企业同盟，而把任意一个企业看作这个虚拟企业同盟中的一个部门时，同盟的内部管理就是供应链管理。只不过同盟的组成是动态的，根据市场需要随时在发生变化。

1. 根据前面介绍的知识，对网络中两个不同的电子商务公司的运营方式进行分析，并了解该公司的运营内容和目标。

2. 对网络中两个不同的电子商务公司的管理方式进行分析。

3. 以小组为单位，制订一份 B2C 模式的网络商店的运营和管理方案。

任务评价

自我评价

主要内容		自我评价等级（在符合的情况下面打"√"）			
		全都做到了	大部分（80%）做到了	基本（60%）做到了	没做到
分析电子商务网站					
制订运营和管理方案					
自我总结	我的优势				
	我的不足				
	我的努力目标				
	我的具体措施				

小组评价

主要内容	小组评价等级（在符合的情况下面打"√"）			
	全都做到了	大部分（80%）做到了	基本（60%）做到了	没做到
分析电子商务网站				
制订运营和管理方案				
建议				

组长签名：　　　　　　　年　　月　　日

教师评价

主要内容	教师评价等级（在符合的情况下面打"√"）			
	优秀	良好	合格	不合格
分析电子商务网站				
制订运营和管理方案				
评语				

教师签名：　　　　　　　年　　月　　日

任务1.3　认识电子商务企业运营和管理的重要性

任务目标

了解电子商务企业运营的重要性。

了解电子商务企业管理的重要性。

通过对电子商务企业运营和管理重要性的基本介绍,让学生了解运营和管理对企业发展的意义,了解学习的价值。

企业的生存与发展必须依赖资本、人力、产品、市场、技术、管理和运营等诸多因素。在这些因素中,管理和运营在企业发展过程中扮演着举足轻重的角色,甚至决定着企业经营的成败。

1.3.1 运营对电子商务企业的重要性

电子商务企业运营的对象是根据企业需要所开发、设计、打造的推广产品,所以电子商务企业成功的关键在于网络营销运营。优秀的运营可以使企业达到经营目标、获得目标收益,还可以促进企业的发展。

在电子商务领域,销售通常需要主动寻找客户,并根据客户需求,组织后端资源,把产品销售给客户;推广则是把企业信息传递给更多的人群,达到"吸引客户"的效果;运营则是从客户出发,分析市场和客户的需求,做好产品、服务,然后吸引更多顾客主动上门,并培养客户的忠诚,为企业提供利润。另外,运营还承担了分析商业模式和毛利成本的责任,它不断优化着商业模式,而由其他部门来配合其完善商业模式,保证企业的盈利能力。所以,电子商务行业中处于核心地位的是运营,甚至客服、市场和采购等都属于运营中心的下属部门。

运营对电子商务企业的重要性决定了企业对运营者的能力要求也很高。运营者需要具备以下 3 种能力。

(1)数据分析、品类优化能力

该项能力包括:品类优化、数据分析、推广优化、用户体验、进销存和商城系统工作流程管控、活动规划执行等。运营者要确定经营什么商品、优化商品结构、展示商品特质、构建相关流程和用户体验、组织促销活动、跟踪销售过程、分析销售数据、不断优化完善整体体验。

(2)对相关部门工作的专业指导及整体协调能力

运营部门对最终业绩负责。客服、市场、研发、仓库和物流等都可看作运营的支持部门,运营整合所有部门为用户服务。运营者负责建立流程 SOP 规范,解决各种问题。所以,运营人员必须熟悉了解相关部门的工作内容,如此才能更好地整合协调。

(3)行业理解力

运营者具备行业问题意识和解决问题的能力。例如,客服和物流反馈"产品送到用户处时出现破损",运营人员就要判断,是采购商品出现了问题,还是仓库包装出现了问题。运营人员就需要与采购、仓库等部门沟通,根据产品的重要性,对采购渠道、包装成本、毛利空间和包装方法等提出解决方案,并协调各部门实施。

初级运营者要具备数据分析、品类优化能力;中级运营者不但需要熟练掌握数据分析、品类优化能力,还需要熟悉相关部门的工作流程;高级运营者除了具备前两项能力外,还必须提升自己的行业理解力。

1.3.2 管理对电子商务企业的重要性

管理是管理者运用其拥有和支配的人力、物力、财力、技术和信息等各种资源，对管理对象进行一系列有组织、有意识的实践活动，以达到预期目标。管理对企业来说非常重要，优秀的管理模式不仅可以使企业高效运转，而且可以使企业资源得到充分利用。管理对企业的重要性主要体现在以下6个方面。

（1）企业管理可以增强企业的运作效率

管理可以优化配置企业内部的人力、物力和财力等资源，使企业的运转发挥最大效能。

（2）让企业有明确的发展方向

管理者通过优化企业管理内容，根据企业经营目标为企业制定明确的发展方向。发展方向表明了企业未来一段时间的经营走向和发展目标。

（3）使每个员工充分发挥他们的潜能

企业"以人为本"的管理模式最重视的就是人在企业中的作用。企业管理中的人力资源开发是组织和个人发展的过程，其重点是提高人的能力，发挥每个员工的潜能。

（4）使企业财务清晰，资本结构合理，投资融资恰当

企业管理中的财务管理是企业的一项重要管理内容，优秀的财务管理可以让企业的财务更加清晰，也可以使企业的资本结构获得合理调整。

（5）向顾客提供优秀的产品和服务

企业在通过管理改善自身状况的同时，也在不断通过管理改善与客户的关系，客户关系管理使企业可以向客户提供更加优秀的产品和服务。

（6）更好地树立企业形象，为社会多做实际贡献

管理可以提升企业的凝聚力和感召力，企业不断发展，企业就会承担更多的社会责任，这也为不断塑造企业良好的社会形象提供了机会。

实战训练

根据本任务的学习与前面的训练，分小组总结管理与运营对电子商务的重要性，并举出实例证明。

任务评价

自我评价

主要内容		自我评价等级（在符合的情况下面打"√"）			
		全都做到了	大部分（80%）做到了	基本（60%）做到了	没做到
举例说明管理和运营的重要性					
自我总结	我的优势				
	我的不足				
	我的努力目标				
	我的具体措施				

小组评价

主要内容	小组评价等级（在符合的情况下面打"√"）			
	全都做到了	大部分（80%）做到了	基本（60%）做到了	没做到
举例说明管理和运营的重要性				
建议				

组长签名：　　　　　　　　年　　月　　日

教师评价

主要内容	教师评价等级（在符合的情况下面打"√"）			
	优秀	良好	合格	不合格
举例说明管理和运营的重要性				
评语				

教师签名：　　　　　　　　年　　月　　日

项目小结

　　本项目主要介绍了电子商务运营和管理的基础知识，包括了解电子商务及其发展动因和发展历程，了解电子商务的类型和模式，了解电子商务与传统商务的区别与联系，了解电子商务企业运营和管理的目标、内容和重要性。

　　运营管理作为一种管理职能，在企业管理中与营销、财务、管理信息系统等拥有同等重要的地位。管理无处不在，电子商务企业的发展离不开优秀的管理。电子商务运营管理包含了所有典型的运营管理活动，无论是纯电子商务企业还是虚实结合的企业，几乎所有开展电子商务的企业都需要进行电子商务运营管理。

　　学习管理知识和管理技能对于电子商务管理人才来说必不可少，优秀的管理人才是企业良好运行与发展的重要保证之一。电子商务行业是一个高速发展和不断变化的行业，作为企业的管理人员，必须正确使用管理技能，才能使企业有一个立足之地，并且使企业得到更好、更快的发展。

02 项目二
电子商务企业组织架构与职能

项目导入

企业组织架构是指一个企业组织整体的结构。企业组织架构在企业管理要求、管理模式、管控定位及业务特征等多因素影响下，包含企业内部组织资源、搭建流程、开展业务、落实管理等基本要素。本项目将介绍两个典型的电子商务企业的组织架构和职能。

知识目标

- 了解电子商务企业组织架构
- 了解电子商务企业组织的主要职能部门及其职能
- 熟悉职能型组织架构的特点

技能目标

- 能够说明电子商务企业的主要职能部门及其职能
- 能够比较电子商务企业不同组织架构的优缺点

素养目标

- 具备一定的企业管理意识
- 具备团队合作协调意识

任务 2.1　了解电子商务企业的组织架构与职能

2.1.1　电子商务企业组织架构的特征

电子商务企业的组织架构是由以互联网为核心的信息通信技术高速发展而产生的一种新型企业组织结构,完全不同于传统企业的组织架构,通常具有以下3个特征。

(1)组织结构的虚拟化

这是指电子商务企业并没有和传统企业相同的组织架构,通常只是模拟组织架构,只具有一些规模较小且具有核心竞争力的职能部门,对于其他企业部门所涉及的业务,则通过外包(企业为维持组织竞争核心能力,将组织的非核心业务委托给外部的专业公司完成,以降低营运成本、提高品质、集中人力资源、提高顾客满意度)的形式委托合作伙伴来完成。

(2)组织结构的扁平化

这种组织结构形式改变了原来层级组织结构中的企业上下级组织和领导者之间的纵向联系方式,平级各单位之间的横向联系方式以及组织体与外部各方面的联系方式等。组织结构扁平化有利于拉近上下级距离,密切上下级关系,使信息纵向流通加快、管理费用降低,并且使企业变得更加灵活和敏捷,更富有弹性和创造力。

(3)组织结构的柔性化

组织结构柔性化以创新能力为宗旨,通过分工合作、共担风险,以及适当的权限结构调整,向基层员工授权,并满足员工的高层次需要,增强员工的主人翁责任感,使其自觉提高自己的工作标准,并把组织意志变为个人的自觉行动。组织结构柔性化的特点就在于结构简洁,反应灵敏、迅速,灵活多变,以达到快速适应现代市场需求的目的。

2.1.2　典型的电子商务企业组织架构图

下面介绍3种典型的电子商务企业组织架构图。图2-1、图2-2、图2-3分别为网店型电子商务企业、生产型电子商务企业、综合型电子商务企业的组织架构图。

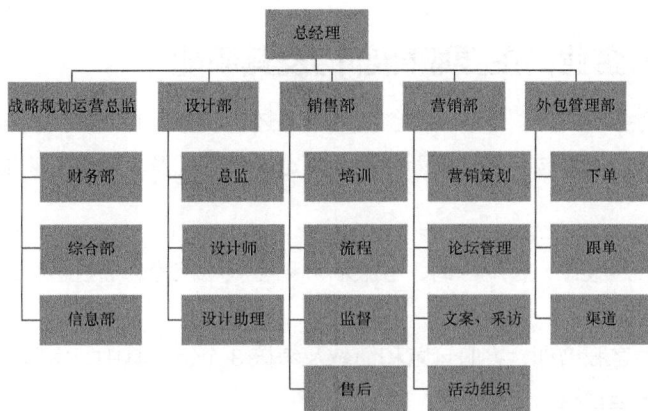

图 2-1 网店型电子商务企业的组织架构

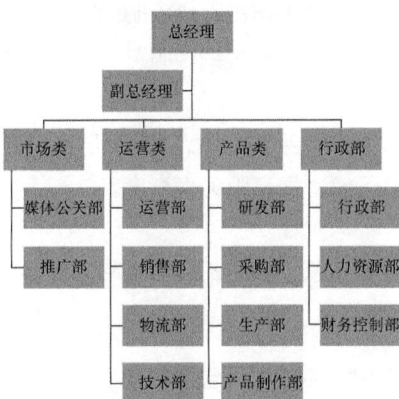

图 2-2 生产型电子商务企业的组织架构

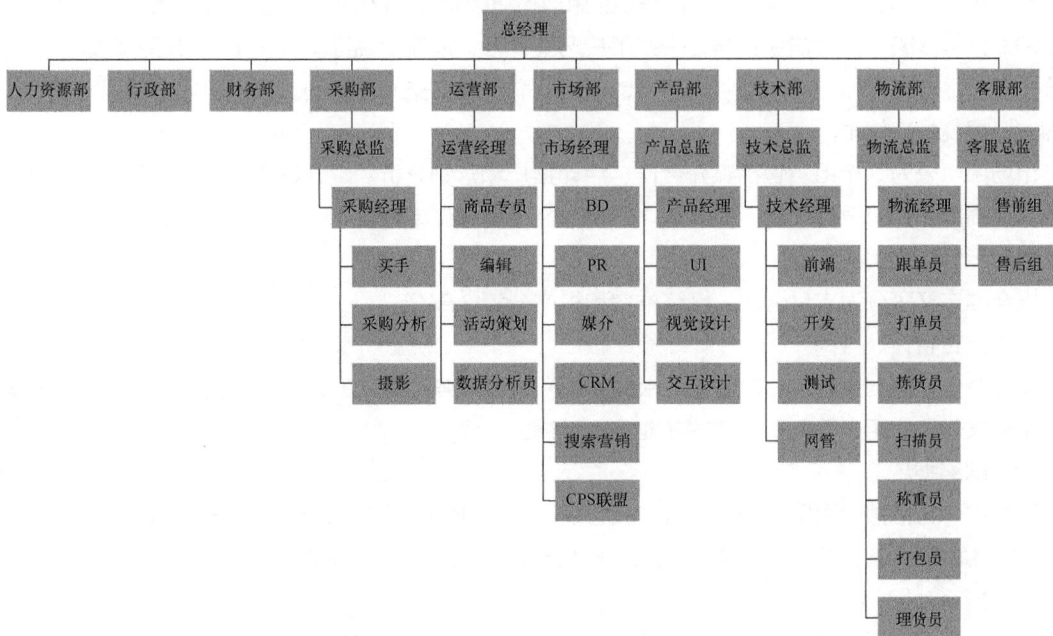

图 2-3 综合型电子商务企业的组织架构

2.1.3 电子商务企业的主要职能部门及其职能

除了人力资源和财务部门外，电子商务企业的业务还可以分为 5 个部门，包括客服部、市场部、网站运营部、采购及物流部和技术部，下面分别介绍这 5 个部门及其对应的职能。

1．客服部

客服部的职能是客户服务、客户咨询、客服培训和客服考核等，通过各种方式提高用户满意度、订单转化率和平均订单金额。

客服部又可以分为客服培训、客服运营和绩效及考核 3 个组，其中，客服运营是核心，其他几个组主要辅助和配合客服运营组。

（1）客服运营组

客服运营组负责咨询电话、客户服务电话和在线客服的咨询，以及产品咨询、订单处理、售后服务、客户主动咨询、客户回访、大客户挖掘和营销等服务，下设客户主管，客户主管下设客服专员。

（2）客服培训组

客服培训组负责制定客服手册（咨询手册、产品咨询手册、回访手册、在线咨询手册等），培训客服技巧和技能，纠正客服人员不良习惯，提高服务满意度。

（3）绩效及考核组

绩效及考核组负责监督检查客服质量，降低不良咨询率，对客服员工进行工作考核和测评。

2．市场部

市场部负责对外的合作、推广和宣传工作，包括搜索引擎营销、EDM（电子邮件营销）、网站合作、媒体合作、新闻炒作、口碑合作、活动及研讨会等；负责研究分析 CRM（客户关系管理）体系，包括会员级别机制、积分机制、客户活跃机制和沟通机制等，优化购物流程，提高用户购物体验，制定 CRM 营销战略，分析销售数据，研究用户购买行为，最终提高订单转化率。市场部的职能包括两部分：对外是推广合作，对内是营销分析，两部分职能相互交叉和协同。推广合作必须以营销分析结果为主，提高推广效果。

市场部可分为 3 个组，包括媒介合作、活动推广和营销分析。媒介推广主要是对外的付费推广，目的是提高网站的有效访问量，提高推广的有效性，提高订单转化率，媒介推广策略必须结合营销分析、网站运营和促销。

媒介推广又可分为支付合作、网络推广和投产分析 3 部分。

（1）支付合作

支付合作包括与支付宝、财付通、银联在线和网银等各种方式的网络支付合作，也包括与货到付款、手机支付和信用卡等各种形式的新业务支付模式合作。

（2）网络推广

网络推广包括搜索引擎营销（以百度和谷歌为主）、EMD 合作营销、门户和垂直网站推广合作、CPS（信息物理系统）投放合作等，在推广上不断创新，提高合作的深度。

（3）投产分析

投产分析是分析各种投放渠道的效果，不断调整投放策略，不断提高投产比。

3. 网站运营部

网站运营部负责分析并确定产品目录、预测和计划产品销量、确定采购量、制定销售价格、控制产品毛利润，根据销售情况确定网站各网页的陈列展示，策划设计各种促销活动（根据产品、会员和节假日等），利用 EDM 系统、电话客服、网站展示位和网络推广资源等提高促销效果。

网站运营部分为产品分析、销售、策划编辑和促销 4 个组。

（1）产品分析组

产品分析组有以下 3 个职能。

① 产品分析筛选。分析各个种类的产品，确定网站主推产品名单，预测产品销售额，与采购部协商确定采购量，并根据销售情况不断调整。

② 产品定价。根据传统渠道价格、竞争对手价格和采购成本等各种因素确定网站产品定价，保持产品竞争力和毛利润。

③ 销售分析。分析网站各种产品的销售情况，将产品分为若干等级：畅销品、滞销品、潜力产品和不确定产品，寻找并确定畅销品的品种，尽快用促销等方式消化滞销品的库存，通过内外部资源提升潜力产品的销量，分析研究不确定产品的原因。

（2）销售组

销售组主要负责产品的销售、产品在网站的陈列展示和产品促销等，销售组负责与市场部联络，确定在推广过程中的策略，确定搜索引擎关键词和描述，以及 EDM 营销策略，负责与促销组确定产品促销方案，以及促销产品和促销资源的调配。

（3）策划编辑组

策划编辑组主要负责产品的文案和图片处理，负责网站的功能策划、板块设置和网站建设，分为以下 3 个职能。

① 网站策划负责全站的网站建设、改版、功能设计和购物流程优化等。

② 网站编辑负责产品文案撰写、促销文案撰写、网站各频道的内容编写、专题策划和编辑等。

③ 美工及摄影负责产品的图片拍摄和处理、网站页面设计、促销和产品展示页面、Flash 的设计等。

（4）促销组

任何 B2C 电子商务网站的促销策略都很重要。国内的当当和京东商城拉动销量的重要手段就是让促销组负责策划与执行促销策略，并与市场部协调推广资源（搜索引擎、EDM、门户和垂直网站等），与销售组协调促销方案和促销产品，与策划编辑组配合完成促销文案、促销图片、EDM 投放和 Flash 展示等。

4. 采购及物流部

采购及物流部负责产品的采购，各类产品在全国的仓储布局、调整和管理，网站配送合作和订单配送工作。具体为与网站运营部确定采购名单，根据名单筛选供应商，争取最低采购价格；负责根据重点销售区域确定网站的仓储中心规划，各个仓储中心的管理，各个种类产品在不同仓储中心的调配；负责确定快递配送合作伙伴，制定配送标准，设计包装规格，制定订单配送管理规则。

从职能上，可将采购及物流部分为采购、仓储和配送 3 个组。

（1）采购组

采购组的职能是在采购过程中与网站运营部密切合作，制定合作经销商名单，争取最低采购价格，多利用网站及推广资源，争取以资源换价格。

（2）仓储组

仓储组包括仓储运营和供应链优化两项职能。

① 仓储运营负责仓储中心的布局、具体仓储管理、产品在各个中心的库存调配、产品从采购到入库的管理、仓储管理系统的设计和改进等。

② 供应链优化负责从采购、产品入库、产品销售、订单配送到用户收到产品的供应链优化，尽可能缩短仓储周转周期，缩短订单配送周期（订单处理、订单分拣、订单包装和快递配送），提高资金周转率和仓储利用率。

（3）配送组

配送组包括订单处理、包装及配送和配送稽核3项职能。

① 订单处理负责对用户提交的订单进行审核，对地址不清晰、电话格式不对、订单信息不完全和恶意的订单等进行确认。

② 包装及配送负责产品的分拣和包装、订单的配送、配送标准的制定和优化、包装的设计及配送合作伙伴的选择等。

③ 配送稽核负责对配送的质量进行监督，提高配送服务的水平，提高配送的用户满意度，对配送合作伙伴（或自身配送人员）的不恰当配送行为进行处理。

5．技术部

技术部负责电子商务网站的建设和系统开发，包括网站架构和技术开发，CRM 系统、客户服务中心系统、采购和仓储系统、订单管理系统等的策划、实施和调整，服务器和网络运营商的选择和管理等。

技术部从职能上可分为网站开发、系统开发和系统维护3个组。

（1）网站开发组

网站开发组主要负责 B2C 网站和其他相关网站的开发工作，具体包括网站架构、网站开发和测试、页面设计和 SEO（搜索引擎优化）等职能。

① 网站架构人员负责与网站运营部和市场部沟通网站功能策划，确定网站架构方案，并与开发和测试人员共同完成网站的建设和改版工作。

② 网站开发和测试人员负责根据网站架构和功能需求编写代码，完成网站技术开发和改版工作，并通过不断测试提高用户体验度，根除网站漏洞。

③ 页面设计人员负责网站页面的设计和改版工作。

④ SEO 是针对搜索引擎开展的页面优化，可使网站关键词搜索排名提前，这与网站框架、页面设计和文案相关。

（2）系统开发组

系统开发组主要负责网站相关系统的开发工作，具体为客户关系管理系统和客户服务中心系统，采购和仓储管理系统（产品的采购和供应商、不同仓储中心的库存情况），以及订单处理系统（订单管理、配送管理、收款和退换货等）。系统开发分为需求分析、系统分析（系统框架）和软件开发测试3

项职能。

    ① 需求分析负责与各部门人员沟通，分析各系统的使用需求，完成各系统的整体需求分析工作。

    ② 系统分析负责按照需求分析设计数据库模型和系统模型。

    ③ 系统开发由软件开发测试人员完成开发，并且由 3 种职能的人员一起进行测试。

（3）系统维护组

系统维护组主要负责服务器管理、网络管理和系统调试等基础性工作。

实战训练

    1. 在互联网中查找两家电子商务企业，分析其组织构架和主要的职能部门。

    2. 以小组为单位，绘制这两家电子商务企业的组织构架图，并在图中标注各职能部门的主要职能。

任务评价

自我评价

主要内容	自我评价等级（在符合的情况下面打"√"）			
	全都做到了	大部分（80%）做到了	基本（60%）做到了	没做到
分析企业的组织架构和主要职能部门				
绘制组织架构图				
自我总结 我的优势				
我的不足				
我的努力目标				
我的具体措施				

小组评价

主要内容	小组评价等级（在符合的情况下面打"√"）			
	全都做到了	大部分（80%）做到了	基本（60%）做到了	没做到
分析企业的组织架构和主要职能部门				
绘制组织架构图				
建议				
组长签名：　　　　　　年　　月　　日				

教师评价

主要内容	教师评价等级（在符合的情况下面打"√"）			
	优秀	良好	合格	不合格
分析企业的组织架构和主要职能部门				
绘制组织架构图				
评语				

教师签名：　　　　　　　　　年　　月　　日

任务 2.2　走进电子商务企业

任务目标

了解瓦特沃企业的基本组织架构。

了解瓦特沃企业的具体岗位职能。

熟悉商派的基本组织架构和具体岗位职能。

熟悉职能型组织结构的类型及其对应的优缺点。

任务描述

通过对瓦特沃和商派两家从事电子商务的企业的介绍，让学生熟悉瓦特沃和商派两家企业的基本组织架构和岗位职能，并加深对职能型组织结构优缺点的认识和掌握。

任务实施

2.2.1　瓦特沃

瓦特沃是一家传统的企业，由于开展了电子商务相关业务，其组织架构发生了相应的变化。

1. 简介

瓦特沃（VOTORO）是一家由荷兰人创立的家居照明企业，主营 LED 照明灯系列，创新了 LED 家居照明，先后开发了 LED 应急手电筒、LED 台灯等多款产品。2000 年 5 月，瓦特沃家居照明品牌正式进入中国市场。2011 年，瓦特沃入驻淘宝商城（现在的天猫商城），并跃居天猫商城"家居建材"类的优质品牌列，如图 2-4 所示。

图 2-4　瓦特沃天猫商城首页

2. 组织架构与职能

瓦特沃通过绿色照明概念、产品特色及管理优势迅速占领中国市场，其组织架构如图 2-5 所示。

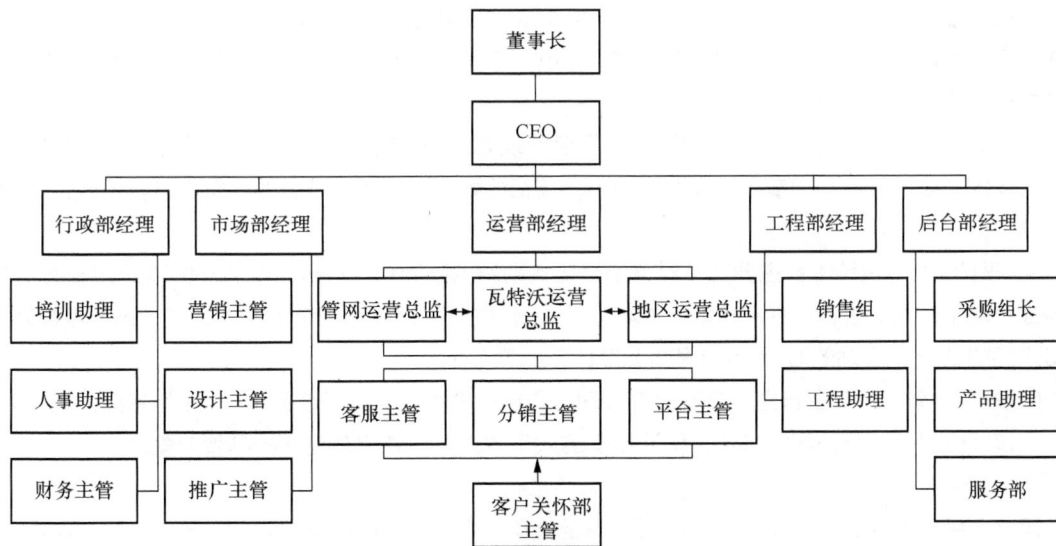

图 2-5　瓦特沃的组织架构

（1）董事长（董事局）

公司在做出方向性或决策性的改变时需要与董事长（局）进行商量并获得其确认。

（2）CEO

CEO（Chief Executive Officer，首席执行官）是该公司负责日常事务最高的行政领导，有些公司也称之为行政总裁。该公司运营层面的所有事务，均需要向 CEO 进行汇报。

（3）行政部经理

行政部经理主要负责该公司内部的行政、培训、人事和财务等工作，下属工作人员工作需要向行政部经理汇报。行政部经理直接向 CEO 汇报工作。在该公司，行政部经理下有人事助理、培训助理和财务主管 3 个工作模块。

① 人事助理。人事助理主要负责该公司的人事招聘、绩效考核和薪资制作。一般根据公司的人员规模会有不同的分工或安排。有些公司会设立人事经理的岗位，由人事助理向人事经理汇报，人事经理向行政经理汇报。因为该公司规模较小，所以没有设立人事经理岗位，所有人事、绩效和薪资由两位人事助理完成。

② 培训助理。培训助理主要负责公司内部的培训工作，可分为新员工培训、新产品培训等方面。该公司只有 1 名培训助理，该岗位主要负责对新员工进行组织架构及公司产品培训。当公司有新的产品、新的业务或是新的政策推出时，对在职员工进行该方面的培训。除此之外，该培训助理还要不定期对内部培训资料进行制作、升级和改版。

③ 财务主管。财务主管主要负责公司的财务账目。一般可以分为收入、支出、内控和总账几个模块，主要对公司的进账、出账、税务、报销以及资金风险进行控制。该公司将财务管理分为收入和支出两个小组，在这两个小组上设置财务主管进行统管，由财务主管向行政部经理汇报。因为财务这个岗位比较重要，有些规模较大的公司也会在财务主管之上设立财务总监，由财务总监直接向 CEO 汇报。

（4）市场部经理

市场部经理主要负责整个公司市场层面的拓展，包含整个公司的媒体形象塑造、网站的风格制作、公司的推广及产品的营销。市场部经理直接受 CEO 管理。在该公司，市场部经理下设立了营销主管、设计主管和推广主管 3 个工作模块。

① 营销主管。营销主管主要负责制定产品营销政策，包括产品的销售方案以及市场活动的营销方案。这要求对公司的产品的拿捏需要非常清晰，能很好地利用不同消费者的心态进行营销政策的制定及实施。

② 设计主管。设计主管主要负责对整个公司的网站的版面布局进行有条有理的设计，并针对产品的特性对网站的主页进行设计和排版。在该公司，设计主管下设立了一个由 3 人组成的市场设计团队，负责产品的 E 化、网站的 UI（用户界面）设计布局等工作。

③ 推广主管。推广主管主要负责整个公司官方网站的推广，包括 SEO、SEM 等不同方式的网站推广。该岗位对网站及公司的推广，可让更多的人了解该公司并提升公司的品牌形象。

（5）运营部经理

运营部经理主要负责公司线上不同网站的运营及不同渠道的销售及销售政策的制定规划和管理。运营部经理直接向 CEO 汇报工作。运营部经理的下属可以根据渠道进行渠道经理划分。同时，渠道经理下配有相应的支持实施部门。

① 运营总监。运营总监主要负责该公司不同渠道的销售及网站的运营，不同的渠道类型及运营方式对应不同的渠道运营总监。该公司的运营共分为 3 个渠道，即官网运营、瓦特沃运营和地区运营，通过 3 种不同的渠道进行销售。而运营总监则就是这 3 种渠道的不同负责人。

② 客服主管。客服可分为网络客服和电话客服，分别针对不同的销售渠道进行销售支持，这种分

类方式是从形式上进行划分的。另外，客服也可以从售前、售后两个维度进行划分，分别是销售客服（主要负责售前）和售后客服（负责退换货）。在当今电子商务领域，客服是需求量较大的岗位。客服主管主要负责管理客服团队，包括对客服人员的绩效以及客服人员工作的态度进行评定，并将评定结果直接汇报给运营部经理。

③ 分销主管。因为产品的特殊性，某产品除了在不同的渠道进行直销以外，还会在不同平台进行分销。分销主管主要对分销渠道进行管理，简单来说就是管理不同的代理商，以及对代理分销的政策进行制定等。

④ 平台主管。平台主管主要负责对产品入驻的不同平台进行管理，对于不同的产品制定差异化的销售方针政策和差异化的渠道营销策略。

⑤ 客户关怀部主管。客户关怀部主管是该公司特有的一个部门。很多公司会把客户关怀纳入客服的工作，对客户进行回访，制定系统的客户回访策略，为忠实的用户制定适当的优惠政策，对于长期未在该网站购物的客户，通过一定的促销策略予以激活。

（6）工程部经理

根据产品的特性，灯具会在某项工程中集中使用，工程部通过与一些房产开发商或装修队进行合作，承接项目，进行以工程项目为单位的合作。工程部经理的工作模式属于传统线下销售的模式。在该公司，工程部经理下有销售组和工程助理两个工作模块。

① 销售组。销售组主要负责项目销售业务，联系不同的房产开发商进行业务洽谈，销售产品。

② 工程助理。工程助理根据客户的需求，配合客户进行实地勘察、测量，给出实施方案及报价等，主要是对线下项目进行支持和配合。

（7）后台部经理

后台部助理主要负责原材料的采购、原产品的设计等工作，其下有采购组长、产品助理和服务部3个工作模块。

① 采购组长。采购组长主要负责产品（如LED灯管、灯泡）制造的原材料采购及一系列相应产品的采购。

② 产品助理。产品助理主要负责根据客户需求，针对不同款式配套产品（如不同的挂灯、吊顶灯和壁灯）所需要的不同形状、类型和颜色进行设计、开发及测试。

③ 服务部。在使用或安装过程中有问题的，可以联系客户服务部门获得解答，因而服务部主要是进行售后服务，一般为电话客服。

2.2.2 商派

商派（Shopex）成立于2002年，是中国领先的电子商务系统及服务提供商，也是最早的一批电子商务企业。

1. 简介

上海商派网络科技有限公司的名称最初创意由Shop和Express两个单词组成，本意是"快速建店"，非常快速地在网上建立一个非常个性化的网上商店。该公司的理念为做最好的电子商务软件和服务。在软件产品方面，提供有效的电子商务系统；在解决方案方面，提供完整的电子商务解决方案；在特色服务方面，它是帮助企业电子商务成长的服务商。其官网页面如图2-6所示。

图 2-6　上海商派网络科技有限公司官方网站

2．组织架构与职能

商派主要由四大部门组成，即研发部门、销售支持部门、销售部门和后勤职能部门。这四大部门构成了宏观上的商派组织架构，如图 2-7 所示。

图 2-7　商派的组织架构

从微观上来看，根据机构设置、职权和职能等方面的分工，又可将商派的组织架构细分为图 2-8 所示的结构。根据该细分图，可看出产品委员会直接对董事长负责，董事长下设立了总裁室、客户运营办公室和市场研究办公室，将研发、销售、销售支持和后勤职能细分为各部门。

从商派公司组织架构细分图可知，商派的四大部门的构成如下。

（1）研发部门

技术研究院和开发伙伴部又统称为技术管理部。运维部负责服务器和机房管理；技术基础平台部负责底层架构支持；企业应用平台部负责支撑应用产品研发中心的直销、分销、后端和营销。这些共同构成了商派的研发部门，如图 2-9 所示。

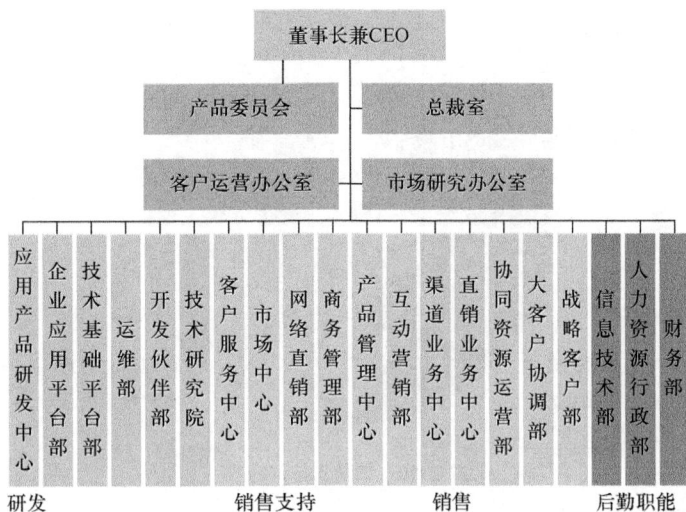

图 2-8　商派组织构架细分图

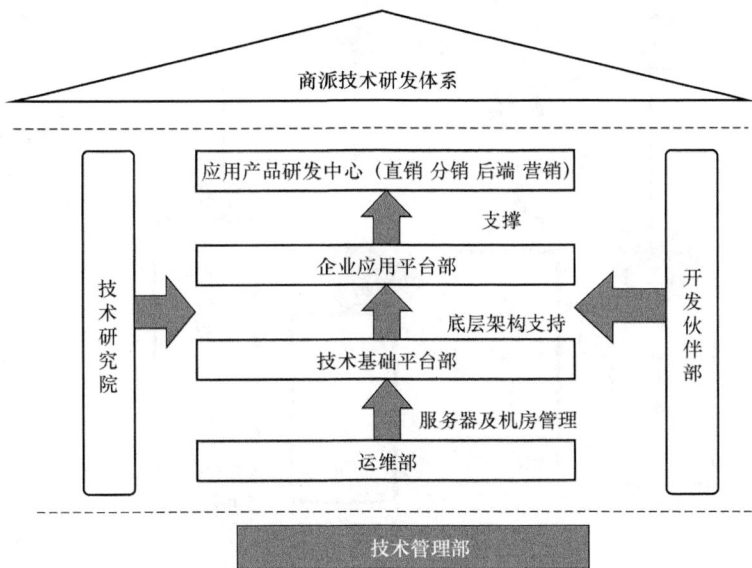

图 2-9　研发部门

（2）销售支持部门

销售支持部门主要有 4 个细分部门，即市场中心、客户服务中心、网络直销部和商务管理部，如图 2-10 所示。市场中心主要负责线索供给、线索转化、市场策划和公关传播。客户服务中心顾名思义，即客服，负责售前、售中和售后的客户服务。网络直销部负责互联网直销和线上运营。商务管理部负责合同审核管理和客户投诉处理。

（3）销售部门

销售部门包括负责分销的渠道销售业务中心，负责电话销售和面对面销售的直销业务中心，负责大客户销售的战略客户部，负责运营和管理电商生态资源的协同资源运营部，以及负责大客户项目支持的大客户协调部，如图 2-11 所示。

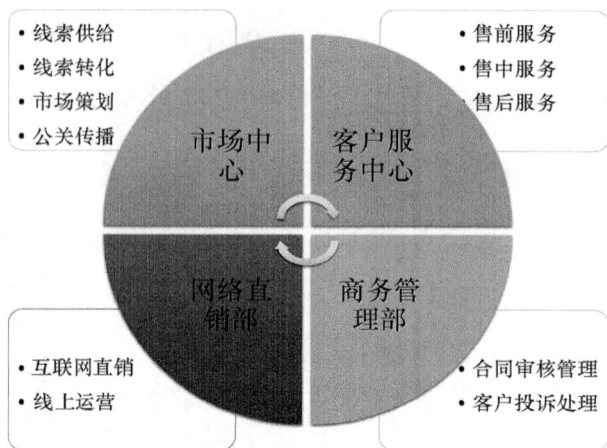

图 2-10　销售支持部门

图 2-11　销售部门

（4）后勤职能部门

人力资源、行政、财务和信息技术 4 个细分部门共同构成了商派的
后勤职能部门，如图 2-12 所示。

2.2.3　职能型组织结构

常见的组织结构类型有职能型组织结构、直线型组织结构、直线参
谋型组织结构、事业部制组织结构、矩阵型组织结构和多维立体型组织
结构等几种。商派的组织架构属于职能型组织结构，职能型组织结构亦

图 2-12　后勤职能部门

称 U 形组织结构、多线性组织结构，起源于 20 世纪初，是法国人亨利·法约尔在其经营的煤矿公司
担任总经理时构建的组织结构形式，故又被称为"法约尔模型"。它是按职能来组织部门分工的，即从

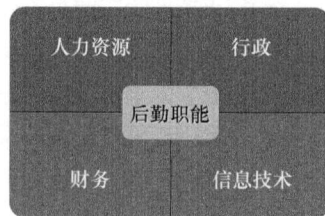

企业高层到基层，均把承担相同职能的管理业务及其人员组合在一起，设置相应的管理部门和管理职务。随着生产品种的增多、市场多样化的发展，应根据不同的产品种类和市场形态，分别建立各种集生产、销售于一体，自负盈亏的事业部制。

职能型组织结构以工作方法和技能为部门划分的依据。现代企业中，许多业务活动需要有专门的知识和能力，通过将专业技能紧密联系的业务活动归类组合到一个单位内部，可以更有效地开发和使用技能，提高工作效率。商派的研发部门、销售部门、销售支持部门和后勤职能部门4大部门正是以相同的专业技能为部门划分依据的。

1. 职能型组织结构的优点

职能型组织结构的优点有以下5项。

① 以职能部门为承担项目任务的主体，可以充分发挥职能部门的资源集中优势，有利于保障项目所需资源的供给和项目可交付成果的质量。

② 职能部门内部的技术专家可以同时被该部门承担的不同项目同时使用，以节约人力、减少资源的浪费。

③ 同一职能部门内部的专业人员便于相互交流、相互支援，对创造性地解决技术问题很有帮助。

④ 当有项目成员调离项目或者离开公司时，所属职能部门可以增派人员，以保持项目的技术连续性。

⑤ 项目成员可以将完成项目和完成本部门的职能工作融为一体，以减少因项目的临时性而给项目成员带来的不确定性。

2. 职能型组织结构的缺点

职能型组织结构的缺点则有以下4项。

（1）没有一个直接对项目负责的强有力的权力中心或个人

我们从图2-8所示的组织结构图上来看，一个项目被确立后，总裁室受总裁的委派制订项目计划，然后把工作分派到各个职能部门。项目执行过程中有一个协调员来做一些协调性工作。在这种情况下，谁对项目负责呢？是总裁吗？显然总裁不会对具体项目负责，因而没有人能说清楚。说不清楚，实际上就是没有人对该项目负责。

（2）不是以目标为导向的

各职能部门（如研发部、生产部和市场部）都很重视本部门的专业技术（业务），但没有对完成项目所必须的对项目导向的重视。职能部门经理常常倾向于选择对自己部门最有利而不是对项目最有利的决策，因此所做计划常常出于职能导向而很少考虑正在进行的项目。

（3）没有客户问题处理中心

因为不存在客户问题处理中心，所有的沟通必须经过上一管理层。上一管理层充当了客户关系中心的角色，并把复杂问题通过垂直指挥链分配给各个职能部门的管理者。解决问题的方案要获得各有关部门的一致同意很费时间，因而对问题的解决反应迟钝。信息必须经过多个管理层的传递，容易失真。

（4）协调十分困难

对于需要跨部门协作的项目，组织协调工作很重要，如果项目的技术趋向复杂，这种协调将变得十分困难。 职能型组织中虽然也有人做协调工作，但作用有限。做协调工作的人，其身份通常是项目联络员或项目协调员。项目联络员的作用是作为项目成员之间的沟通联络员。项目协调员则有一定的决策权，但也仅限于可以定期组织召开项目调度会议之类的权限。

当小组成员对部门经理和项目经理都要负责时，项目团队的发展常常是复杂的。对这种双重报告关系的有效管理常常是项目最重要的成功因素，而且通常是项目经理的责任。

实战训练

1. 在互联网中查找一家知名电子商务企业的组织架构，并说明该组织架构的优缺点。
2. 在互联网中找到一家职能型组织结构的电子商务企业，绘制该企业的组织结构图。

任务评价

自我评价

主要内容	自我评价等级（在符合的情况下面打"√"）			
	全都做到了	大部分（80%）做到了	基本（60%）做到了	没做到
对本项目中企业的组织架构的了解				
职能型组织架构的优缺点 绘制职能型组织结构图				

自我总结	我的优势	
	我的不足	
	我的努力目标	
	我的具体措施	

小组评价

主要内容	小组评价等级（在符合的情况下面打"√"）			
	全都做到了	大部分（80%）做到了	基本（60%）做到了	没做到
对本项目中企业的组织架构的了解				
职能型组织架构的优缺点 绘制职能型组织结构图				

建议	

组长签名：　　　　　年　　月　　日

教师评价

主要内容	教师评价等级（在符合的情况下面打"√"）			
	优秀	良好	合格	不合格
对本项目中企业的组织架构的了解				
职能型组织架构的优缺点 绘制职能型组织结构图				
评语				

教师签名：　　　　　　年　月　日

项目小结

　　本项目首先介绍了电子商务企业的组织架构与职能的基本知识，包括电子商务企业组织架构的特征、架构图，以及电子商务企业的主要职能部门和对应的职能。然后通过介绍瓦特沃和商派两个不同类型企业的组织架构和职能，帮助读者了解具体岗位的内容。另外，还根据商派公司的组织架构类型，重点介绍了职能型组织架构的优、缺点。希望以此为入口，打开读者对电子商务企业组织架构学习的兴趣之门。

03 项目三
多渠道销售和分销管理

项目导入

作为信息时代重要产物的电子商务，在人类经济社会高度发达、计算机网络通信技术飞速发展等全球化背景下得到飞速成长。从淘宝网的 C2C 平台业务模式，到亚马逊、京东商城等 B2C 独立商城，电子商务的发展不断满足着人类社会的新需要，成为人们生活中不可或缺的重要部分。对于企业而言，面对互联网打开的市场，有很多细节仍然需要重新梳理，如什么是多渠道销售、如何选择电子商务平台、如何入驻电子商务平台、如何选择分销模式、如何实施分销策略等。本项目将详细讲解多渠道电子商务平台入驻和分销管理的相关内容。

知识目标

- 了解电子商务企业新项目的入驻方式
- 了解电子商务分销模式
- 了解多渠道销售
- 理解如何选择电子商务平台
- 理解企业分销策略
- 熟悉电子商务平台入驻流程和差异

技能目标

- 掌握入驻电子商务平台的基本操作
- 能够评估和选择电子商务平台

素养目标

- 具备企业运营的全局意识
- 具备工作制度化意识

任务 3.1 电子商务企业新项目的入驻与开展

任务目标

理解多渠道入驻开店方式。

理解电子商务销售方式。

了解各平台入驻流程、准备与费用。

任务描述

在本任务中，我们主要基于"多渠道电子商务模式"并且围绕其相关知识来讲解企业如何开展电子商务的生产和经营。

任务实施

随着电商企业的不断增多，消费者被越来越多的商家分流，面对优胜劣汰的残酷规则，企业要发展，就必须创造更好的竞争条件，应用更强的竞争手段，在浩浩荡荡的电商大战中站稳脚跟。目前企业已经开展的电子商务业务模式，一共可以划分为多渠道电商、官方商城、移动商城、B2B2C 垂直电商、B2B2C 运营平台、国际化电商、工单服务和 O2O 八种类别，如图 3-1 所示。

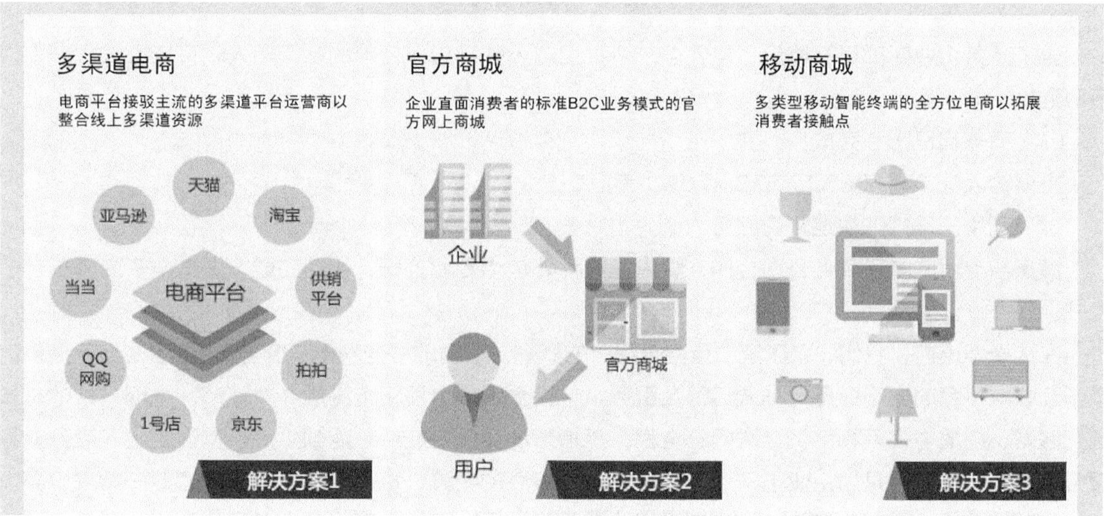

图 3-1 电子商务业务模式

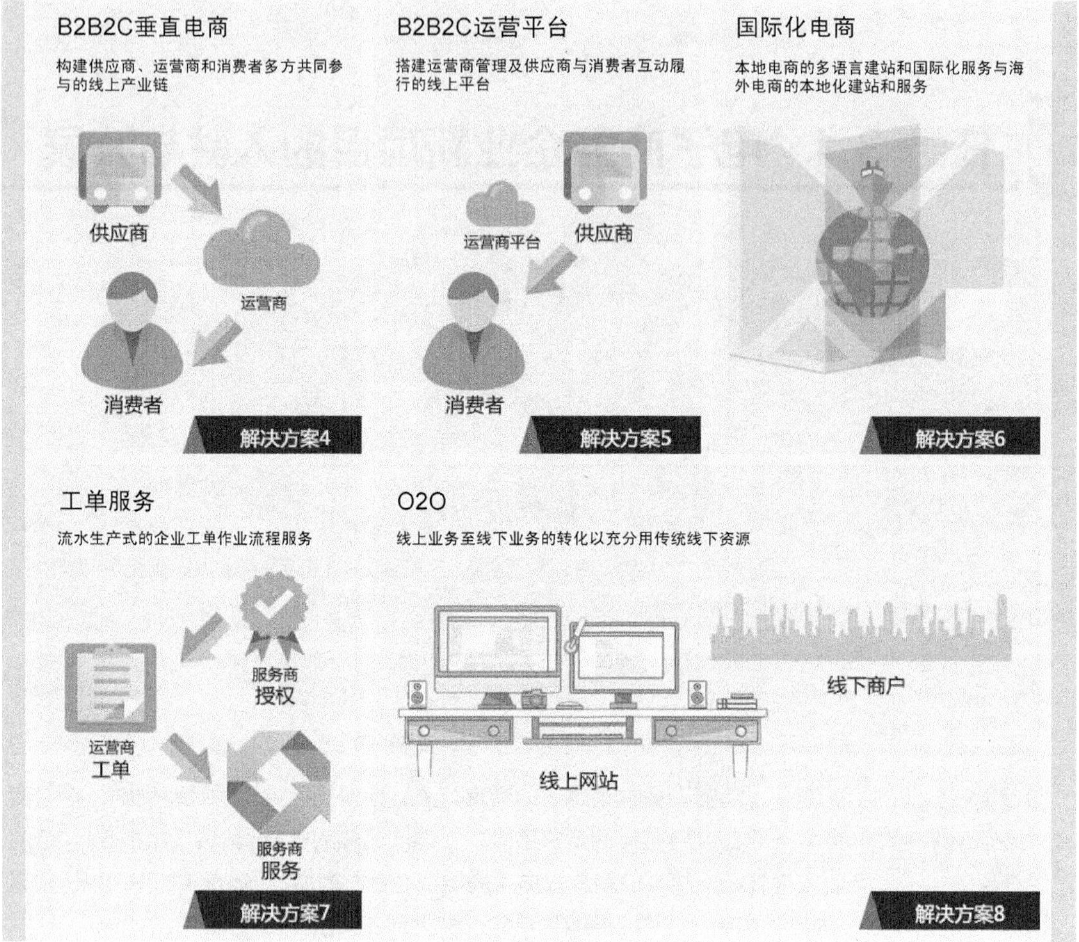

图 3-1　电子商务业务模式（续）

　　电子商务企业新项目开展后，需要寻求多种渠道入驻开店，目前的多渠道入驻开店方式主要有以下两种。

　　（1）商家自己入驻完成

　　主要的入驻渠道有 B2C、B2B 和 C2C 等。

　　（2）利用一站式的快速开店服务

　　商家与专业的电子商务公司合作，将入驻流程外包给专业公司，快速完成多渠道电子商务平台的入驻。

　　在选择渠道前，我们先来了解"全网全程"的概念。所谓的"全网电子商务"，是指为企业提供的基于互联网平台的电子商务一站式运营及服务，包括全网、全程和全沟通 3 个环节。全网，指的是传统互联网、广播电视网和手机互联网；全程，是指帮助企业完成从采购到生产、销售的电子商务全程服务；而全沟通，则是为企业电子商务提供的最为核心的物流、资金流和信息流管理的一站式服务。这 3 方面的结合，实现相互集成、相互连通，并构成一个完整的全网电子商务的商业生态系统，如图 3-2 所示。

图 3-2　全网全程

利用 EC-ERP 系统可以较好地完成这个过程。EC-ERP 的组成部分主要有售后服务、财务管理、采购管理、仓储管理、人员管理和 CRM，而其中的核心是订单中心和发货中心。数据中心管理着订单、库存、商品和会员等信息，如图 3-3 所示。

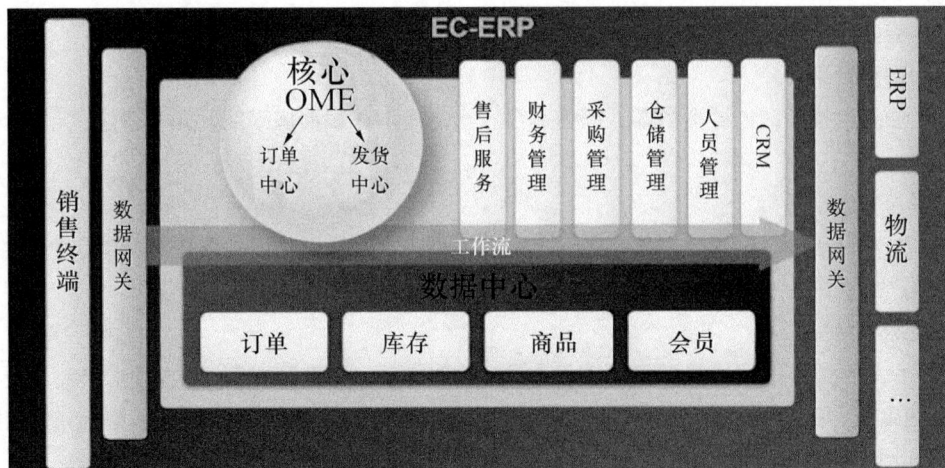

图 3-3　EC-ERP

3.1.1　多渠道销售

经过多年的发展，电子商务在线销售已经摆脱了早年"一店一铺打天下"的单一模式，传统业务的销售也开始走上电子商务平台，形成了全新的多渠道全网销售模式。企业多样化的渠道布局可以更大限度地占有市场份额，增加销售机会，提高企业竞争力等。根据目前电子商务的销售资源，我们将电子商务的多渠道销售方式归纳为以下几点。

1．线上直销

线上直销包括独立商城、无线/SNS 社区和直销渠道 3 种模式。

（1）独立商城

企业自建的独立电子商务官方销售网络，如卡帕官方商城（www.ikappa.com.cn）、来伊份官方商城（www.laiyifen.com）等。

（2）无线/SNS 社区

通过网民的兴趣爱好建立的网站。社交网络服务供应商针对不同的受众，有不同的网站定位。商家通过在社交网站购买广告展位、推送广告信息等提高产品知名度，吸引消费者前往购买。知名的无线/SNS 社区有新浪微博、腾讯微博、人人网和开心网等网络平台。

（3）直销渠道

企业通过入驻直接在第三方网络平台经营、投资和管理的网络销售平台，如京东商城、苏宁易购和淘宝网等。

2．线上分销

线上分销包括加盟渠道、在线零售商、大型流通平台、垂直流通平台、团购平台和兑换平台 6 种模式。

（1）加盟渠道

加盟渠道是指企业组织将服务标章授权给加盟主，让加盟主利用该企业的形象、品牌和声誉等，招揽消费者前往消费。

（2）在线零售商

在线零售商是指在网络环境下将商品直接销售给最终消费者的中间商。

（3）大型流通平台

大型流通平台是指销售种类多样、销售类目齐全的大型在线销售网站，如 1 号店、当当网和亚马逊等。

（4）垂直流通平台

垂直流通平台是指以某类目产品销售为主的专业型产品销售网站。如以化妆品销售为主的聚美优品、以包类产品销售为主的麦包包等。

（5）团购平台

团购平台是指团购的网络组织平台。团购是指网络消费者借助互联网平台聚集资金，加大与商家的谈判能力以求以最优价格购买商品。商家可以加入团购平台，将活动商品进行网络销售。如拉手网、美团网和糯米网等。

（6）兑换平台

兑换平台是指以积分兑换的方式使产品流通到消费者手中，往往体现为各大网站的附加平台或推广活动。如招商银行信用卡积分兑换、中国移动推出的中国移动积分商城等。

$\$$ **案例阅读**

百丽（BeLLE）是中国鞋类知名品牌之一，连续十余年高居中国女鞋品牌销售榜首。经过多年的发展，百丽拥有融合线上与线下的完整销售布局，图 3-4 为百丽多渠道销售布局图。

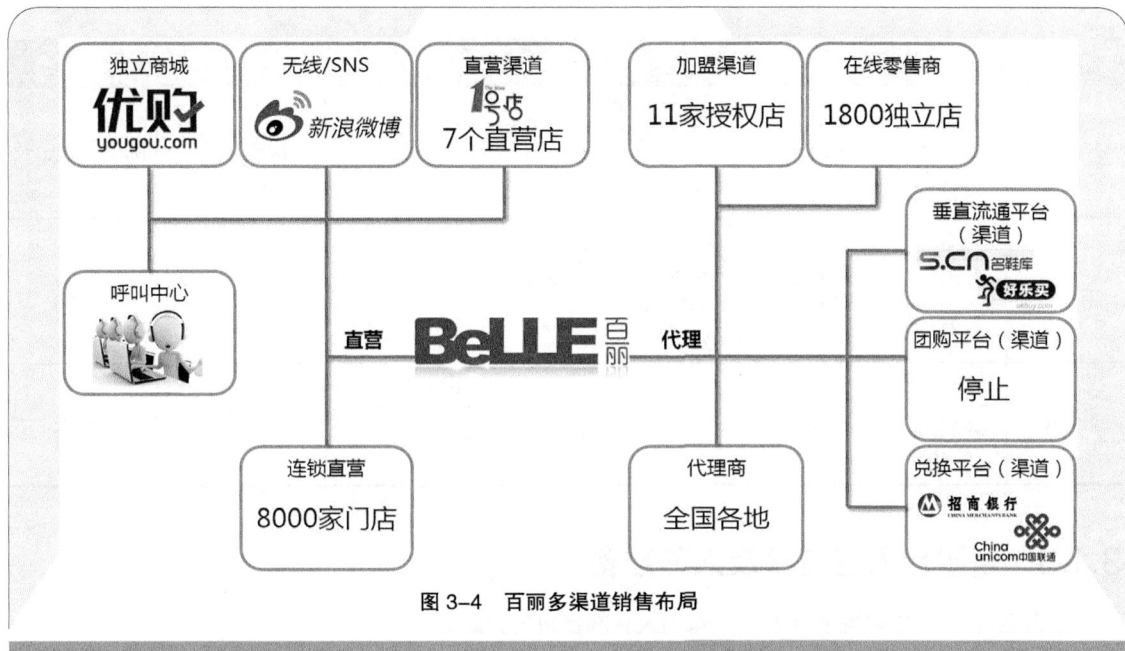

图 3-4 百丽多渠道销售布局

3.1.2 主要在线销售平台合作模式及差异对比

在众多的在线销售平台中，京东商城、天猫、当当、QQ 商城、1 号店和亚马逊已经成为众多企业开启多渠道电商之旅的必选平台，为了能够直观地了解各平台之间的差异，表 3-1 汇总了各平台的核心内容。

表 3-1 主要在线销售平台对比

平台名称	合作方式	保证金	收费	扣点	发货方式	收货方式	结算
京东商城	SOP	1 万～10 万元	6000 元（年付）	2%～20%	京东配送/自配送	快递上门	15～90 天
	FBP				京东配送	快递上门/自提	
	LBP				京东配送/自配送	快递上门/自提	
	NTP				京东配送	快递上门/自提	
天猫	旗舰店	5 万～15 万元	3 万～6 万元	2%～5%	商家自配送	快递上门	即时或 15 天
	专卖店	5 万～10 万元					
	专营店	10 万～15 万元					
当当	入库联营	0.5 万～1 万元	6000 元（年付）	5%～20%	当当配送	快递上门	每月至少 1 次，3C 可 3 次
	商家直发				当当配送/自配送		

平台名称	合作方式	保证金	收费	扣点	发货方式	收货方式	结算
QQ 商城	旗舰店 专卖店 专营店	2 万元	6000 元 （实际月 份计）	2%～ 5%	自配送	快递上门	即时或 15 天
1 号店	旗舰店 专卖店 专营店	0.5 万～1 万元	3600～ 10000 元 （实际月 份计）	按实际 成交金 额计算	自配送	快递上门	15 天
亚马逊	自主配送	0	0	4%～ 15%	自配送	快递上门	15 天
	亚马逊 物流				亚马逊配送		

3.1.3　各平台入驻流程及入驻准备

下面通过表 3-2 对各平台入驻流程和入驻准备进行介绍。

表 3-2　各平台入驻流程和入驻准备

平台	入驻流程	入驻准备
1 号店	第一步：提交《商户基础信息登记表》（用户名：商家后台用户名，由商家自行网上注册） 第二步：提交质检至第三方	1. 营业执照：确保提交的企业资料是在工商局登记的有效资料；有效期在 1 个月以上，有最新年检，经营许可项目在有效期内，非正常状态例如注销、吊销、未年检视为无效资料，会导致认证失败，商户必须先去工商局办理相关手续后再次提交申请，重新付费认证 2. 税务登记证：确保是最新有效的证件 3. 组织机构代码证：有效期在 1 个月以上 4. 申请人身份证：正反两面、内容和照片需清晰 5. 商标注册证：确保是最新的有效证件 6. 品牌授权书：确保品牌授权链条完整，即从商标持有者到申请商家的授权链完整；授权书不得有地域、网络限制，授权期限不得早于 2012 年 12 月 31 日；授权书需有完整、正确的品牌名称体现；落款需有授权方清晰公章（授权方如果为个人，加盖私章或签字） 7. 商品质检报告 8. 其他资料：详见 1 号商城入驻要求 9. 排他授权书 注：以上资料均须盖有申请商家公章，具体要求以认证公司说明为准
QQ 商城	第一步：商家按照《QQ 网购证件明细》提交资料 第二步：提供申请开店 QQ 号，并绑定财付通	1. 企业证件：营业执照、税务登记证、组织机构代码、开户行许可证 2. 品牌证件：商标注册证（商标注册受理通知书）、商标使用授权（商标持有者与申请企业不一致时）、商标持

平台	入驻流程	入驻准备
QQ 商城	第三步：提交证件资料 第四步：向 QQ 网购后台提交商家信息。提交商标时，严格按照注册商标填写（如商标上有英文或字母必须一起填写） 第五步：提交商家资质表格至 QQ 网购对接人	有人身份证（商标为个人时） 3. 产品证件：产品检测报告 4. 厂家证件：生产厂家营业执照、税务登记证、生产厂家卫生许可证、生产厂家工业生产许可证、商标持有者生产授权协议 5. 行业证件：食品流通许可证、3C 安全认证证书复印件 6. 商城证件：财付通授权书、排他性授权书、申请者质量保证书、企业委托书
当当	第一步：商家提交《Shopex-当当网合作商户登记单》 第二步：当当招商经理发送合同及入驻相关表格 第三步：协助商家填写表格、准备入驻证件	1. 企业证件：营业执照、税务登记证、组织机构代码、开户行许可证 2. 品牌证件：商标注册证（商标注册受理通知书）、商标使用授权（商标持有者与申请企业不一致时）、商标持有人身份证（商标为个人时） 3. 产品证件：产品检测报告 4. 厂家证件：生产厂家营业执照、税务登记证、生产厂家卫生许可证、生产厂家工业生产许可证、商标持有者生产授权协议 5. 行业证件：食品流通许可证、3C 安全认证证书复印件
京东商城	第一步：提交入驻意向至京东商城对应招商经理 第二步：确认能够入驻之后，索取京东商城入驻合同，下发至客户填写入驻合同 第三步：协助客户填写入驻合同，整理入驻京东商城所需证件 第四步：合同和证件审核合格后，通知客户打款并索取打款回执电子档凭证转至京东商城 第五步：京东商城招商经理通知运营开店对接	1. 合同快递至京东商城对接招商经理 2. 证件电子档盖章后直接发送至招商经理 3. 企业证件：营业执照、税务登记证、组织机构代码、开户行许可证 4. 品牌证件：商标注册证（商标注册受理通知书）、商标使用授权（商标持有者与申请企业不一致时）、商标持有人身份证（商标为个人时） 5. 产品证件：产品检测报告 6. 厂家证件：生产厂家营业执照、税务登记证、生产厂家卫生许可证、生产厂家工业生产许可证、商标持有者生产授权协议 7. 行业证件：食品流通许可证、3C 安全认证证书复印件
天猫	第一步：商家提交《淘宝商城服务协议》表格，确认支付宝账号正确 第二步：提交对应证件资料及产品明细表格 第三步：天猫入驻后台提交证件资料	1. 企业证件：营业执照、税务登记证、组织机构代码、开户行许可证 2. 品牌证件：商标注册证（商标注册受理通知书）、商标使用授权（商标持有者与申请企业不一致时）、商标持有人身份证（商标为个人时） 3. 产品证件：产品检测报告 4. 厂家证件：生产厂家营业执照、税务登记证、生产厂家卫生许可证、生产厂家工业生产许可证、商标持有者生产授权协议 5. 行业证件：食品流通许可证、3C 安全认证证书复印件 6. 个人证件：店铺负责人身份证复印件、企业法人身份证复印件

平台	入驻流程	入驻准备
天猫		7. 天猫证件：旗舰店排他性授权书、质量保证书、支付宝使用授权书 8. 专营店：提交品牌清单
亚马逊	第一步：提交《亚马逊客服录资料》及相关证件 第二步：审核通过入驻，协助商家提交产品资料上线	1. 营业执照：确保提交企业资料是在工商局登记的有效资料；有效期在 1 个月以上，有最新年检，经营许可项目在有效期内，非正常状态，例如注销、吊销和未年检视为无效资料会，导致认证失败，商户必须先去工商局办理相关手续后再次提交申请，重新付费认证 2. 税务登记证：确保是最新有效的证件 3. 组织机构代码证：有效期在 1 个月以上 4. 商标注册证：确保是最新有效的证件 5. 品牌授权书：确保品牌授权链条完整，即从商标持有者到申请商家的授权链完整；授权书不得有地域、网络限制，授权期限不得早于 2012 年 12 月 31 日；授权书需有完整正确品牌名称体现；落款需有授权方清晰公章（授权方如果为个人，加盖私章或签字） 6. 商品质检报告 7. 其他资料：详见亚马逊商城入驻要求

3.1.4 各平台入驻费用

下面分别对各平台入驻费用进行介绍。

1. 入驻天猫所需费用

企业入驻天猫需要交纳保证金、佣金和平台使用费。天猫店铺类型分为旗舰店、专卖店和专营店3种。

（1）旗舰店

商家以自由品牌（商标为 R 或 TM 状态）入驻天猫开设的店铺。旗舰店的经营类型包括：经营一个自有品牌商品的旗舰店；经营多个自有品牌且各品牌归属同一实际控制人的旗舰店；卖场型品牌（服务类商标）所有者开设的旗舰店。

（2）专卖店

商家持品牌授权文件在天猫开设的店铺。专卖店的类型包括：经营一个授权销售品牌的专卖店；经营多个授权销售品牌且各品牌归属同一实际控制人的专卖店。

（3）专营店

经营在天猫同一招商大类下两个及以上品牌的店铺。专营店的类型包括：经营两个或两个以上他人品牌的专营店；既经营他人品牌又经营自有品牌的专营店；经营两个或两个以上自有品牌的专营店。

针对天猫各店铺类型，淘宝制定了不同的店铺保证金，具体如表 3-3 所示。

表 3-3　入驻天猫所需费用

店铺类型	带有 TM 商标	带有 R 商标	备注
品牌旗舰店	10 万元	5 万元	特殊类目：卖场型旗舰店，保证金 15 万元
品牌专卖店	10 万元	6 万元	经营未在中国大陆申请注册商标的特殊商品（如水果、进口商品等）的专营店，保证金 15 万元
品牌自营店	15 万元	10 万元	天猫经营大类"图书音像""服务大类"及"电子票务凭证"，保证金收取方式：旗舰店 5 万元，专卖店 5 万元，专营店 10 万元 淘宝商城经营大类"医药"，保证金 30 万元 "网游及 QQ""话费通信"及"旅游"经营大类，保证金 1 万元

在保证金之外，天猫商城还收取佣金和平台使用费。费用根据天猫当年政策可能会不定时修改。不同类目企业入驻天猫所需要交纳的佣金和平台使用费是不同的。

2．入驻京东商城所需费用

企业入驻京东商城需要交纳平台使用费、质保金、扣点和运费，按照自然月结算费用。京东商城的合作模式分为 FBP、LBP、SOPL 和 SOP，如表 3-4 所示。

表 3-4　京东商城合作模式

合作模式	京东商城集团商铺	京东商城集团交易系统	京东商城集团仓储	京东商城集团配送	客户自提	京东商城集团货到付款	京东商城集团开发票
FBP	√	√	√	√	√	√	√
LBP	√	√		√	√	√	√
SOPL	√	√		√	√	√	
SOP	√	√					

（1）FBP

京东商城为第三方卖家提供在京东商城上的商品销售和货物的仓储、配送及货款的收取服务。第三方卖家须向京东商城集团提供增值税专用发票，京东商城集团向客户开具普通零售发票。京东商城集团根据不同类目收取配送费。第三方卖家负责将商品配送到京东商城仓库。

（2）LBP

京东商城为第三方卖家提供在京东商城上的商品销售及配送和货款收取服务。第三方卖家须向京东商城集团提供增值税专用发票，京东商城集团向客户开具普通零售发票。京东商城集团根据不同类目收取配送费。第三方卖家负责将商品配送到京东商城分拣中心。

（3）SOPL

京东商城为第三方卖家提供在京东商城上的商品销售及配送和货款收取服务。第三方卖家直接给客户开具普通发票。京东商城集团根据不同类目收取配送费。第三方卖家负责将商品配送到京东商城分拣中心。

（4）SOP

京东商城仅为第三方卖家提供在京东商城上的商品销售和货款收取服务。第三方卖家直接给客户开具普通发票，由第三方卖家自己配送。

按照不同合作类型，京东商城对不同企业收取不同的运费：FBP 每单收取 20 元运费；LBP 每单收取 13 元运费；SOPL 每单收取 12 元运费；SOP 无额外运费。不同类目企业入驻京东商城，所交纳的平台使用费、保证金和扣点也有所不同。

3．入驻 1 号店所需费用

企业入驻 1 号店需要交纳保证金、佣金和平台使用费。1 号商城收取的保证金为 5000 元、10000元和 20000 元不等，平台使用费为 6000 元/年，佣金为交易商品的 2%～6%（根据不同类目而定）。不同类目企业入驻 1 号商城所需要交纳的平台使用费、保证金和扣点不同。

4．入驻亚马逊所需费用

与其他平台不同的是，企业入驻亚马逊无需交纳押金、年费和平台费，亚马逊根据企业产品实际销售额收取交易佣金，如表 3-5 所示。如果企业在结算周期内没有产生销售额，则不需要交纳佣金。

表 3-5　亚马逊佣金收费标准（该费用为亚马逊收取）

商品分类	佣金比例
手机通信产品、数码产品、计算机、大家电、数码配件	4%
金条、银条	5%
个护健康、美容化妆、办公用品	6%
食品、汽车用品	7%
图书、音乐、影视、软件、游戏、玩具、母婴	8%
服装鞋靴、箱包配饰、运动户外休闲、家居（床上用品、卫浴、厨具、家居装修、园艺、工具）、小家电、其他	10%
钟表	12%
珠宝首饰	15%

亚马逊会在企业注册卖家平台 14 天后，向企业银行账户存入销售收入。随后，结算流程每隔 14天重复一次。为进行正常结算，企业需要注意以下几点。

① 账户余额至少为 25 元。佣金费用和买家退款（如果有）可影响余额。

② 在卖家平台中，输入企业在中国境内的银行账户有效信息。

③ 完成结算后，亚马逊会将结算报告发布在卖家平台的"报告"部分，并通过银行转账，将销售收入存入企业的银行账户。

实战训练

1．搜集资料，各小组根据不同的产品类目，选择一个产品品牌，制作其多渠道销售布局图。

2．在网上搜索天猫和京东商城各类目费率、年费，将其制作成一张表格，并进行对比。

任务评价

自我评价

主要内容	自我评价等级（在符合的情况下面打"√"）			
	全都做到了	大部分（80%）做到了	基本（60%）做到了	没做到
制作多渠道销售分布图				
制作平台各类目费率年费表				
自我总结 我的优势				
我的不足				
我的努力目标				
我的具体措施				

小组评价

主要内容	小组评价等级（在符合的情况下面打"√"）			
	全都做到了	大部分（80%）做到了	基本（60%）做到了	没做到
制作多渠道销售分布图				
制作平台各类目费率年费表				
建议				

组长签名：　　　　年　月　日

教师评价

主要内容	教师评价等级（在符合的情况下面打"√"）			
	优秀	良好	合格	不合格
制作多渠道销售分布图				
制作平台各类目费率年费表				
评语				

教师签名：　　　　年　月　日

项目三　多渠道销售和分销管理

59

任务 3.2 电子商务平台的选择、入驻流程与差异

了解如何选择电子商务平台。

熟悉电子商务平台入驻流程和差异。

📝 **任务描述**

本任务通过对入驻天猫和京东商城过程的详细描述，使学生对直销和分销平台的入驻有清晰认识。

⚙ **任务实施**

3.2.1 直销平台的入驻

下面对入驻各直销平台的步骤进行介绍。

1. 入驻天猫

天猫原名淘宝商城，是淘宝网打造的 B2C 购物平台，2012 年 1 月 11 日正式更名为天猫。自 2008 年 4 月 10 日淘宝商城成立以来，众多世界知名品牌的官方旗舰店入驻，受到了消费者的热烈欢迎。

下面介绍天猫新签报名入驻的流程，其具体操作步骤如下。

（1）进入天猫招商页面（http://zhaoshang.tmall.com），了解天猫招商的标准，如查询所经营类目招商的品牌、入驻所需要的材料和相关资费标准等，图 3-5 为入驻天猫所需资费对应的页面。

图 3-5 查看天猫入驻的资费标准

（2）在天猫招商页面中单击 立即入驻 按钮，进入入驻程序操作，根据对应的步骤，需要先检测企业支付宝账号，没有注册企业支付宝账号的需要注册企业支付宝账号，如图3-6所示。通常注册企业支付宝账号需要一个认证的过程，在没有完成认证的情况下，企业仍然可以报名入驻天猫。

（3）填写和提交各种信息和资料，包括选择店铺的类型、类目，填写品牌信息、企业信息，填充店铺名称、域名，在线签署各种服务协议等。

（4）等待天猫的入驻资格审查，通常需要7个工作日，如果未能通过审核，可以在15个工作日内完成修改并重新提交申请。

图3-6　注册企业支付宝账户

（5）通过审核后，需要签署支付宝代扣协议，并补全商家的档案，然后锁定保证金，缴纳技术服务年费，最后发布商品，店铺上线，完成入驻操作。

在天猫帮助中心中有非常详细的入驻天猫操作指南，如图3-7所示。

图3-7　入驻天猫操作指南

2. 入驻京东

京东商城成立于 2004 年 1 月，在线销售家电、数码通信、电脑、家居百货、服装服饰、母婴、图书和食品等 12 大类数万个品牌商品，是中国电子商务领域最受消费者欢迎和最具有影响力的电子商务网站之一。2013 年 3 月 30 日，京东商城正式将原域名中的"360buy"更换为"jd"，新切换的域名"jd"更符合中国用户的语言习惯，更加简洁、易记。同时，作为"京东"二字的拼音首字母，jd 也更易于和京东品牌产生联想，有利于京东品牌形象的传播和提升。2013 年 5 月 6 日，京东商城推出商超在线业务，即用户可以在京东上购买食品饮料、调味品等日用品。"将超市搬到线上"，意味着京东商城正式涉足食品领域。

入驻京东商城需要打开商家入驻页面（http://www.jd.com/contact/joinin.aspx），其中介绍了入驻流程，如图 3-8 所示，与入驻天猫的流程大同小异，这里不再赘述。

图 3-8　京东商城入驻流程

3.2.2　分销平台的入驻

除了直营，企业还会选择通过代理的形式进行货品分销。但是不同于直营，分销会有一整套相对独立的招商、管理及服务流程，因此企业往往会选择以下两种方式开展分销业务。

（1）入驻分销平台

企业入驻由网络运营商研发提供的，用于帮助供应商搭建、管理及运作其网络销售渠道，帮助分销商获取货源渠道的平台。

（2）自建分销系统

企业自己搭建、管理及运作其自有网络销售系统，帮助分销商获取货源渠道的平台。

这里以入驻淘宝网的分销平台为例，其具体操作步骤如下。

① 登录淘宝供销平台（gongxiao.tmall.com），单击右侧的 > 我要入驻供销平台 按钮，如图 3-9 所示。

图 3-9 天猫的供销平台

② 进入淘宝的"供销入驻"网页，根据商家需求单击 供应商入驻 或 分销商入驻 按钮，如图 3-10 所示，选择不同的入驻方式。

③ 根据操作提示，填写联系人信息、供货信息，签署入驻协议和支付宝协议。

④ 在提交审核申请后，可以登录供销平台查看审核进度，审核成功后即可入驻供销平台。

图 3-10 选择入驻类型

3.2.3 自建分销系统

一体化分销平台（Distribution Resource Platform，DRP）是上海商派网络科技有限公司基于自建分销系统研发的电子商务产品，它为企业的业务经营及贸易合作提供了一种全新的模式。新的模式借助互联网的延伸性及便利性，使商务过程不再受时间、地点和人员的限制，企业的工作效率和业务范围都得到了有效提高。企业可以在兼容互联网时代现有业务模式和现有基础设施的情况下，迅速构建 B2B 电子商务平台，扩展现有业务和销售能力，实现零风险库存，大大降低分销成本，提高周转效率，确保获得竞争优势。

自建分销系统的优势主要体现在以下 4 个方面。

① 自建系统分销可以搭建网络分销体系，招募更多有经验的分销商帮助企业卖出商品，加快出单速度，增加出货量，快速实现品牌覆盖。

② 在分销网络系统下，分销商会搭建自己的电商团队，进行销售、运营，企业只需做到快速处理订单与商品发货，无需成立专门的团队进行管理。

③ 为了提高销量，获取更多利润，分销商会主动进行市场开拓、品牌推广，企业只需提供相应的物料支持与活动支持，这大大减少了其运营成本。

④ 借助覆盖全网的网络分销商，企业只需做到适时调整产品策略，维护好下游进货关系，可实现持续低投入稳定运转。

自建系统分销可以分为 3 个主要步骤。

① 自建分销平台，如图 3-11 所示。

② 招募分销商，如图 3-12 所示。

图 3-11　自建分销平台

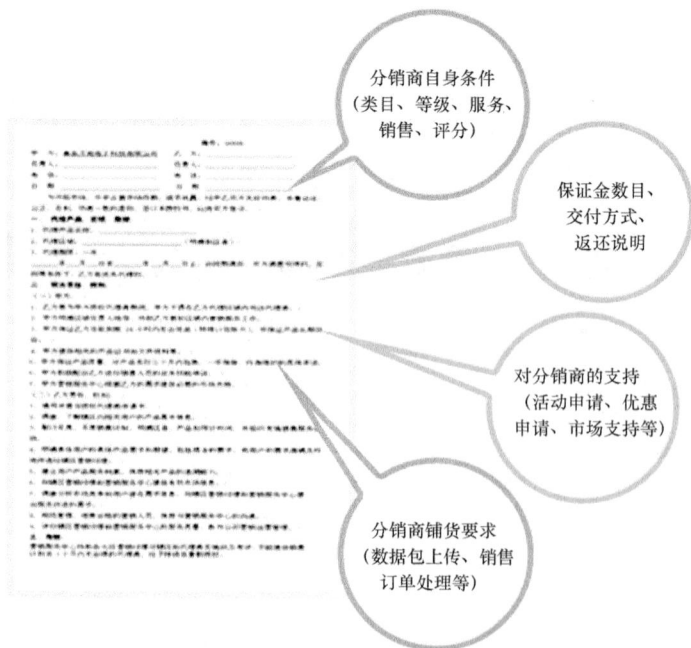

图 3-12　招募分销商

③ 管理分销商，如图 3-13 所示。可以通过制定多种销售策略对分销商进行有效管理，如制定灵活的返点策略、详尽的营销策略等。

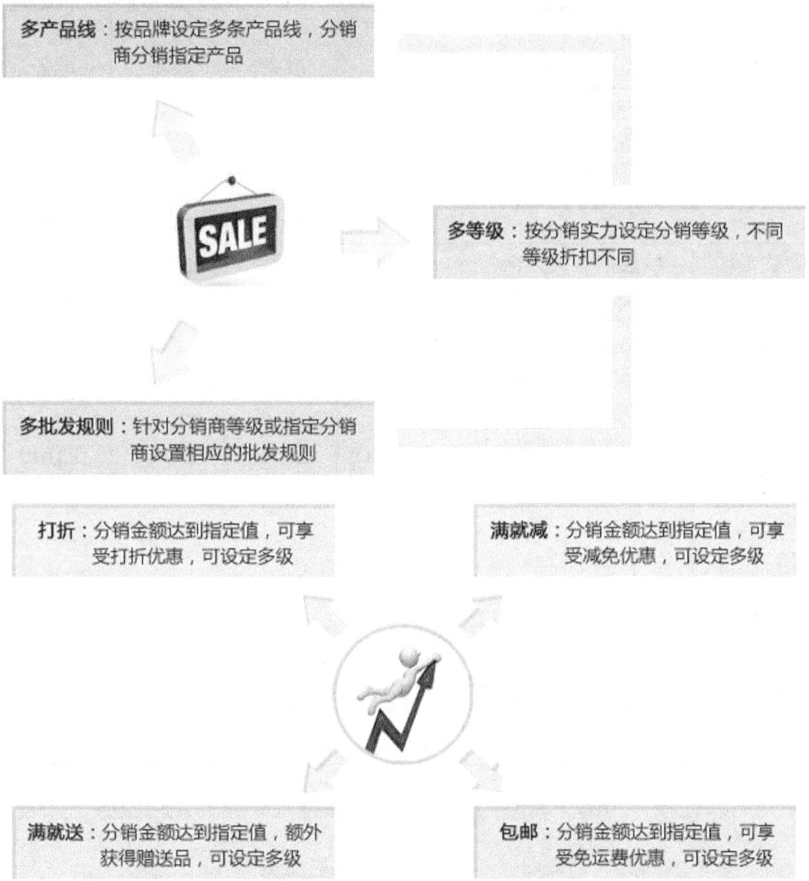

多产品线：按品牌设定多条产品线，分销商分销指定产品

多等级：按分销实力设定分销等级，不同等级折扣不同

多批发规则：针对分销商等级或指定分销商设置相应的批发规则

打折：分销金额达到指定值，可享受打折优惠，可设定多级

满就减：分销金额达到指定值，可享受减免优惠，可设定多级

满就送：分销金额达到指定值，额外获得赠送品，可设定多级

包邮：分销金额达到指定值，可享受免运费优惠，可设定多级

图 3-13　管理分销商

3.2.4　第三方多渠道入驻服务

虽然多渠道的收益是显而易见的，但是多渠道的入驻过程是非常耗时和费力的，如表 3-6 所示。而且入驻对企业来说，又基本是一次性的行为，所以很多企业并不想投入很多人力，但又想快速高效完成入驻。因此，"多渠道入驻服务"就诞生了。

多渠道销售平台入驻服务是企业进行全网销售的一站式快速开店服务。它可以对客户提供入驻店铺的咨询、分析、评估、代办、跟踪和反馈等，为企业节省了时间、精力，减少了企业成本投入，获得了较高的审核通过率。

表 3-6　多渠道入驻过程

步骤	类别	天猫	QQ商城	亚马逊	当当	1 号店	京东	商派多渠道入驻服务
第一步	商城入驻咨询	无人对接	客服电话	客服电话	客服电话	客服电话	客服电话	专人对接

步骤	类别	天猫	QQ商城	亚马逊	当当	1号店	京东	商派多渠道入驻服务
第二步	商家信息整理	自行准备	自行准备	自行准备	自行准备	自行准备	自行准备	专业咨询
第三步	入驻资料整理	自行准备	自行准备	自行准备	自行准备	自行准备	自行准备	详细指导
第四步	入驻审核沟通	无	无	电话沟通	电话沟通	电话沟通	电话沟通	协助指导
第五步	入驻资料投递	快递提交	后台填写	后台填写	邮件提交	邮件提交	邮件提交	统一汇总
第六步	入驻审核反馈	后台提示	后台提示	邮件提醒	电话沟通	电话沟通	电话沟通	专人反馈
其他	总计周期	15个工作日	20个工作日	10个工作日	20个工作日	15个工作日	20个工作日	7个工作日初审反馈
	其他增值服务	自行解决						Shopex优质服务资源支持
	店铺装修							
	商品指导							
	运营建议							
	营销支持	资源竞购	资源竞购	不可购买	不可购买	资源竞购	资源竞购	Shopex营销扶持

以商派的多渠道入驻服务为例,商派为企业提供了完整且专业的入驻服务,如表3-7所示。

表3-7 商派多渠道入驻服务

服务类型	服务内容	服务详情	交付物
基础入驻服务	1V1专家顾问式咨询	5～8小时专家咨询	1. 资料收集表 2. 渠道分析报告 3. 平台规则文档 4. 入驻进度表 5. 商城VIP贵宾通道 6. 每月2次信息报告(邮件形式)
	资料收集整理	平台入驻相关资料的收集、归档、整理	
	平台策略分析	销售平台属性对比及分析	
	渠道建设规划	企业网络多渠道销售布局建议	
	资质审核评估	企业资质专业初审,入驻评估	
	平台规则讲解	多渠道平台相应政策及规则说明	
	全程进度跟踪	实时反馈入驻审核进度	
	合同递送及签署	协助企业与平台的合同签署与递送	
	绿色入驻通道	专属VIP入驻审核通道	

同时,借助丰富的行业资源及深厚的人脉积累,商派的多渠道入驻服务更具备了以下四大核心优势。

(1)高效率、低成本扩展销售版图

通过商派建立的全网渠道,企业可以轻松进行电子商务销售渠道全网布局,急速扩张销售版图。

（2）快速灵活布局电商多渠道策略

商派提供多渠道一站式服务，可以根据客户的品牌和商品进行深度剖析，规划销售渠道策略，快速启动专属客户的销售渠道。

（3）官方入驻通道及代办服务

商派经过十余年的发展，现已拥有强大的多渠道网络体系，与多平台达成战略合作关系，并为多平台提供了官方认证绿色通道。

（4）实时监控各渠道政策变化的支持服务

商派针对多渠道入驻的客户，可以实时提供平台政策变化响应，聘请专家解析平台规则调整，帮助客户掌握最新活动资源。

案例阅读

好想你枣业股份有限公司是国内红枣行业规模最大、技术最先进、产品种类最多、销售网络覆盖最全的企业，是一家拥有 6 家全资子公司和 1 家非控股子公司的大型企业集团，并于 2011 年 5 月 20 日在深交所中小板成功挂牌上市。公司是从事红枣系列产品的研发、生产和连锁销售的农业产业化国家重点龙头企业。公司的"好想你"品牌充满温馨情感，体现健康亲情产品理念，被农业部评为"中国名牌农产品"，被国家工商行政管理总局认定为中国驰名商标。

2011 年下半年，好想你枣业股份有限公司已开始实行渠道创新，制定了专卖店、商场超市、流通市场、电子商务和出口国外"五驾马车并行"的销售策略。在电子商务方面，"好想你"从淘宝商城做起，开设"好想你"官方旗舰店。电子商务孕育的巨大客户群迅速发挥效应，仅半年时间成单量过万，受到消费者追捧。这让"好想你"希望在电子商务这种新型的营销渠道上实现进一步突破和发展。"一个品牌进入多家商场"的网上多渠道布局，成为企业在网络销售的目标。

之后，"好想你"与商派公司合作，利用商派公司推出的多渠道销售入驻服务，在短短一个月时间内完成在天猫、QQ 商城、1 号店、京东商城和亚马逊的店铺入驻，并将产品上传全网，开展产品的线上销售工作，大大加速了企业自身开设网上店铺的速度，降低了失败率，完成了多渠道销售的店铺入驻，图 3-14 为天猫、1 号店、京东商城的"好想你"官方旗舰店页面。

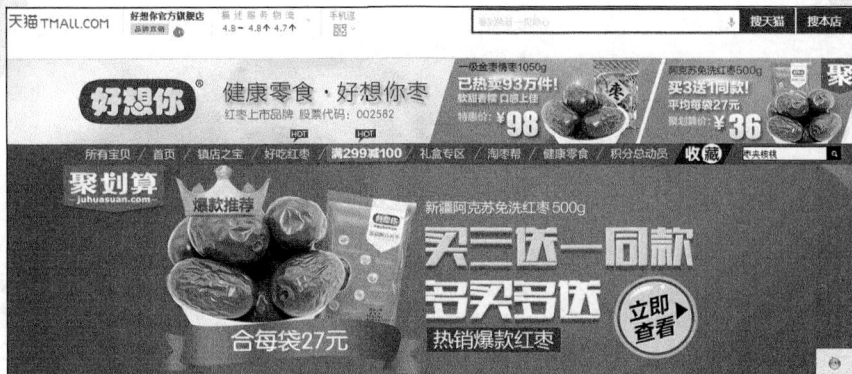

① 天猫的"好想你"官方旗舰店

图 3-14 "好想你"多渠道销售

② 1号店的"好想你"官方旗舰店

③ 京东商城的"好想你"官方旗舰店

图 3-14 "好想你"多渠道销售（续）

实战训练

1. 收集 3 个以上电子商务平台的入驻流程。
2. 选择两个著名的品牌，查看其在不同电子商务平台中的多渠道销售系统。

任务评价

自我评价

主要内容	自我评价等级（在符合的情况下面打"√"）			
	全都做到了	大部分（80%）做到了	基本（60%）做到了	没做到
收集入驻流程				
查看多渠道销售				

自我总结	我的优势	
	我的不足	
	我的努力目标	
	我的具体措施	

小组评价

主要内容	小组评价等级（在符合的情况下面打"√"）			
	全都做到了	大部分（80%）做到了	基本（60%）做到了	没做到
收集入驻流程				
查看多渠道销售				

建议	
	组长签名：　　　　　　年　　月　　日

教师评价

主要内容	教师评价等级（在符合的情况下面打"√"）			
	优秀	良好	合格	不合格
收集入驻流程				
查看多渠道销售				
评语				

教师签名：　　　　　　年　　月　　日

任务 3.3　电子商务企业分销模式与管理规范任务

任务目标

了解电子商务分销模式。
理解电子商务分销实施策略。

任务描述

本任务介绍电子商务企业常用的分销模式，通过网络分销商的招募、监管和分销商的权利、义务对分销策略的实施展开说明。

任务实施

3.3.1　电子商务企业分销模式简介

企业在电子商务成长道路上要采用网络营销策略，这些成功的策略不仅缩短了企业的成长周期，降低了企业的运营成本，而且加速提升了企业的网络曝光度。本任务从网络分销策略实施和网络分销的管理策略进行讨论。

传统企业想快速占领更多的全国线下市场份额，常用的方法之一就是在全国各地开店，如直营店、加盟店或授权专卖店等。这种方法虽然可行，但对企业前期的要求会很高，除了要有足够的资金实力，还要具备实体店铺管理和新员工培训的经验。对于初期资金有限，人员资源亦有限的企业而言，线下时代的小企业若想快速发展，要么依附某大企业，要么融资扩大经营。无论采用哪种方式，都比较困难，所要承担的风险也会大很多。

而网络开店，前期对企业的资金要求基本不是很高，而且所要承担的风险远远低于线下。在线下，有人的地方就有商机；在线上，有流量的地方就有交易。淘宝是一块肥沃的土壤，涵盖了大量的客户，只要有网络的地方，淘宝就可以辐射到。而在淘宝上开店的成本不会那么高，并可以借助淘宝快速提高企业的曝光率。在网络开店的同时，需要考虑的一个问题是采用网络直销、入驻还是分销方式？一个企业品牌想让更多的人知道和了解自己，就需要将线下积累的品牌效应成功运用到线上。

直销能为企业的每笔订单带来更多的利润空间，客户也能从价格上收益。但是由于是直销，企业要亲力亲为的工作量将非常大，而产品在网上的曝光率要远远低于分销的方式。

商品的曝光率不足，会直接影响商品的销售额。企业前期在资金有限、网络经营经验有限的条件下，采用分销的方式，是最适合企业的网络营销策略。利用现有的淘宝网分销商的渠道资源和网店经营管理的经验，将企业线下的品牌知名度快速"嫁接"到线上，提高了品牌的曝光率，增加了转化率。企业可以充分利用网络分销商这条有利的途径，在淘宝网上迅速"铺路"和"织网"。

3.3.2 分销策略的实施

下面分别对网络分销商招募和监管的相关内容进行介绍。

1. 网络分销商的招募

一个企业做分销，需要背靠产业链，且货多、生产能力强，适应小批量、多频次的电商产业链要求，同时，还要具有产地优势并确保低成本，因而低价货源容易吸引海量的网络分销商。

案例阅读

美国的优鲨公司在招募分销商初期，首先选择分销能力强的分销商作为领跑者。因为这些有实力的分销商资源广、分销能力强，同时这些能力强的分销商旗下也会有其自己的子分销商，便于快速扩张。优鲨的分销商从 2010 年的 10 多家壮大到如今的 500 家左右，正是由于优鲨的正确分销策略的应用。

优鲨花半年的时间，首先和分销能力强的分销商沟通。为了顺应分销商的沟通节奏，通常晚上 10 点以后找分销商聊，经常聊到凌晨两三点，半年后，优鲨旗帜一举，分销商基本就迅速齐聚了。而定期的分销商大会齐聚休闲胜地也是凝聚分销商的重要手段。不过招募的核心不仅是感情的沟通，而且要配有相应的能打动分销商的政策。

优鲨的招募分销商政策主要有以下 3 点，这也是值得推荐的分销策略。

① 首先要让分销商有利可图，较高的利润使他们乐意卖优鲨的产品。

② 然后就是要解决分销商的后顾之忧，零库存让分销的销售几乎没有负担和风险。

③ 最后是解决分销商的资金周转问题，比如无息贷款、聚划算垫资和产品轮流支持等。

这些措施将分销商与优鲨牢牢地捆绑在一起。分销商的负担小了，其运转速度也就快了，在网上会产生更多的销量。

在优鲨上线短短两个月，日订单就实现从 0 单到 100 单的跃进；上线 4 个月，实现日均订单 500 单。目前，优鲨每天的订单量在千单以上。更令人吃惊的是，优鲨并没有为此付出过任何广告投入成本，却迅速提高了曝光率。如优鲨在 2012 年获得淘宝网的"淘品牌"称号。同年第一季度，优鲨衬衫的销量在淘宝网稳坐第一，打败了七匹狼、雅戈尔、美特斯邦威和柒牌等众多衬衫知名品牌；而在淘宝网热销的前十款衬衫中，优鲨就占有两款，份额占淘宝网衬衫销量的 40%。这样火爆的运营状况，除了归功于优鲨选择了正确的网络营销策略，还要归功于优鲨坚持的分销商合作方式。

2．网络分销商的监管

对分销商的监管，优鲨公司采取交叉举报、QQ 群信息共享等方式，通过信息充分交流使分销商之间相互交流监督，避免出现价格或其他方面的违规。在系统上，优鲨利用商派公司的分销商软件同步分销商，以及优鲨的订单、库存和发货，以确保商品流、资金流和信息流管理顺畅，有效地提升了优鲨和分销商的效率。

下面从分销商的权利和义务方面分析优鲨公司分销商的具体监管规则。

（1）分销商权利

保障分销商供货及时，优鲨售前提供库存查询，30 天无理由退换货，以订单查询、卡片代写及活动打印样本等综合服务，让分销商无后顾之忧。分销商具体权利如下。

① 新品支持。新品发布，提供新品图片素材及新品会员价格，新品网上数据包供一键发布，通过旺旺、QQ 和邮件等形式通知各级分销商。

② 库存支持。库存更新以短信或者站内信方式通知分销商。活动产品优先考虑分销商。

③ 活动支持。申请产品参加活动，带有活动资源的信息、活动产品名称、申报活动产品价格和申报活动产品数量等以供审核参考。

④ 订单服务。包括代理商针对产品的相关信息服务，订单提交后信息变更及物流信息追踪，以及问题件处理支持。

⑤ 退换件服务。30 天无理由退换件服务，没穿过洗过即可办理退换，质量问题双倍发货，并给予运费赔付，另外还提供退件收到提醒、退款分销商预存款提醒等服务。

⑥ 特殊订单支持。包括贺卡订单、活动及质检订单附本打印订单、赠品赠送订单，以及专员服务。

⑦ 店铺服务支持。包括分销商旺旺及订单提交托管、店铺活动图片设计、中差评解决、店铺旺铺统一模板装修。

（2）分销商义务

优鲨分销商需要履行以下义务。

① 及时下载数据包产品并上传。新进分销商在通过审核后 3 日内，下载数据包产品并上传，自行修改关键词。现有分销商新品发布须在 3 日内下载数据包产品并上传，自行修改关键词。

② 完善会员信息资料。分销商有义务完善在官网的会员信息，以便产品及售后信息的及时沟通。

③ 店铺首页产品 Banner（网站页面的横幅广告）。分销商店铺首页须有产品促销 Banner 展示、

促销产品发布和品牌区产品的设置。

④ 产品价格统一。所有分销商公平竞争，分销商须在公司规定价格区间内，保证网店产品价格按照公司统一价销售，公司分销专员将不定期到店巡查，如发现分销商价格违规，第一次给予警告处分，第二次取消供货。

⑤ 产品主图及描述图统一。日常主图、副图及详情页图片须统一，即产品标题为优鲨，主图、副图和详情页图片都须为带有优鲨 Logo（徽标或商标）的图片，严禁分销商使用优鲨关键词或者图片发布其他品牌产品。

⑥ 活动有序申请。所有分销商申请活动，须提前申请款式、库存及价格，公司审核通过才允许上架销售。不得私自申报活动上架或者申报活动通过后再申请通过。

⑦ 发布免责公告。不定期发布公告，如产品信息、物流信息和服务信息等变更公告。通知各级分销商后，销售过程发生问题公司不承担责任。

3.3.3 分销策略总结

成功的线上网络分销，有以下几个注意点可供借鉴。

① 结合初期的自身条件和市场环境，选择适合自己的网络分销策略，使自己的产品迅速占领网络市场。

② 招募有实力的分销商作为领跑者，带动其余分销商为产品迅速铺路。

③ 在招募分销商时，抓住分销商的实际需求点，快速攻占分销商的心。

④ 分销商成功招募后，利用赏罚分明的制度，监管和约束分销商的行为。

⑤ 在实际的定价策略中，根据热销品的平均客单价区间定价法则，成功制定销售价格。

实战训练

查找资料了解一家知名电子商务企业是如何选择分销渠道和分销商的。

任务评价

自我评价

主要内容		自我评价等级（在符合的情况下面打"√"）			
		全都做到了	大部分（80%）做到了	基本（60%）做到了	没做到
电子商务企业平台入驻方式和要求					
电子商务企业分销商渠道					
自我总结	我的优势				
	我的不足				
自我总结	我的努力目标				
	我的具体措施				

小组评价

主要内容	小组评价等级（在符合的情况下面打"√"）			
	全都做到了	大部分（80%）做到了	基本（60%）做到了	没做到
电子商务企业平台入驻方式和要求				
电子商务企业分销商渠道				
建议				

组长签名：　　　　　　　　　年　　月　　日

教师评价

主要内容	教师评价等级（在符合的情况下面打"√"）			
	优秀	良好	合格	不合格
电子商务企业平台入驻方式和要求				
电子商务企业分销商渠道				
评语				

教师签名：　　　　　　　　　年　　月　　日

项目小结

　　多渠道分销管理对现代电子商务企业非常重要，甚至可以决定该企业在线上或线下的产品销售量。本项目主要介绍了电子商务企业如何进行多渠道销售和分销管理，首先介绍了电子商务企业新项目的多渠道入驻开店方式，介绍了各主要电子商务平台的入驻方式；然后介绍了电商企业入驻一个平台时有哪些直销和分销的平台可以选择，以及这些平台的入驻要求和入驻操作；最后介绍了电商企业分销模式，以及分销商的权利及义务。

04 项目四
客户服务管理

项目导入

在电子商务运营管理的前端营销中，作为与客户接触的第一人，客户服务人员扮演着重要的角色。有别于传统客服人员，电子商务客服人员的工作范畴和职责更广、更大，同时也兼顾销售的角色。

本项目根据电子商务客服运作的特点，帮助读者全面了解客户服务对电子商务运营的推动作用，同时熟悉客户服务体系的考核管理及行为规范。

知识目标

- 了解电子商务客户服务的岗位职责
- 熟悉电子商务客户服务的工作职责
- 理解客户服务对电子商务运营的推动作用
- 掌握电子商务客户服务行为规范

技能目标

- 能够使用电子商务客户服务规范用语
- 能够规范地考核客服工作

素养目标

- 具备规范的客户服务理念
- 具备客户行为分析意识

任务 4.1　电子商务客服运作的特点

了解电子商务客服的岗位职责。

了解电子商务客服的工作职责。

📝 **任务描述**

本任务通过介绍售前、售中和售后 3 个阶段的客服工作职责来讲述电子商务客服运作的特点。

⚙ **任务实施**

4.1.1　电子商务客户服务的岗位职责

电子商务客服是指企业（或个人）为消费者提供的，协助消费者完成产品购买、体验或售后等相关环节的服务。电子商务客服的岗位职责主要表现在如下 8 个方面。

（1）反应及时（反应快、训练有素）

顾客首次到访打招呼的时间不能超过 15 秒。打字速度要快，至少要达到 50 字/分钟，且不能有错别字；每次回答顾客问题时，顾客等待时间不能超过 20 秒。如回答太长，宜分次回答。

（2）热情亲切（赞美、热情、亲昵称呼、自然、真诚）

用语规范，礼貌问候，让顾客感觉热情，话语不能很生硬，要做到亲昵称呼、自然亲切。

（3）了解需求（细心、耐心、有问必答、准确、找话题）

对顾客的咨询、顾客需求给予准确回应，并快速提供顾客满意的答复，需求不明确时做到引导顾客产生需求。

（4）专业销售（自信、随机应变、舒服）

以专业的言语、专业的知识、专业的技能，消除顾客异议，让顾客感觉客服人员是专家，并感受到上帝般的舒服。

（5）主动推荐和关联销售

善于向顾客推荐公司主推款，并给予关联推荐，乃至达成更高的客单价。

（6）建立信任（建立好感、交朋友）

通过经验，找到和顾客共鸣的话题，想顾客之所想，给顾客适当的建议，建立销售信任。

（7）转移话题，促成交易

碰到顾客刁难、啰唆或公司弱点问题，迅速转移话题，引导销售，并以促成交易为目的。

（8）体验愉悦（解决问题、强化优势、欢送）

服务过程给顾客找准记忆点，强化顾客记忆，给顾客良好的体验并留下愉悦的回忆。

4.1.2 电子商务客户服务的工作职责

客服人员最主要的角色是代表店铺和公司形象，是企业的产品专家和形象专家，客服人员需要了解顾客需求，引导话题，诱导成交和让顾客记住店铺特色的某一点。同时电子商务客服人员应该具备产品属性和应用知识、品牌基本信息和顾客消费心理常识等知识。在介绍客服的工作职责前，我们先来了解在店铺销售过程中顾客购买决策形成过程，如图4-1所示。

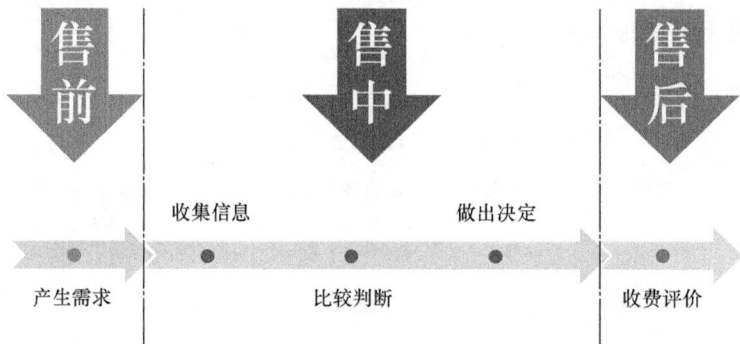

图4-1 顾客购买决策形成过程

1. 售前阶段客户服务的工作职责

在售前阶段，即客户产生需求阶段，客户在向客服人员提出咨询以前，一般都先看过了商家的商品介绍，确实是基本符合他的购买需求才会向客服人员提出疑问。客户提出的第一个问题是使客服人员有机会更详细地向客户介绍产品，直至销售成功。因此，客服人员回答第一个问题时就需要在宝贝（电子商务中常用的"宝贝"是卖家和买家对交易对象的昵称，通常电子商务所有买卖的东西都可以称之为"宝贝"）介绍上面下功夫。详细的宝贝介绍以具体宝贝为主，下面就介绍客服人员在售前的主要职责，以及关于宝贝介绍的主要服务条款。

（1）在线时间

明确的在线时间是客服工作中不可以遗漏的重点之一，图 4-2 为天猫的李宁官方网店的工作时间。明确在线时间可以帮助买家选择客服人员在线的时间咨询和挑选商品，避免买家许多无谓的等待，甚至有可能因为不愿意等待而转向其他卖家。

图4-2 李宁官方网店客服在线时间

（2）回复时间

在告知客服人员在线时间的同时，客服人员也需告知客户如何留言提问，并及时回复提问，因为有的客户可能就只差最后一步，即在看到客服人员的回复以后就能够马上成交。同时及时回复买家提问也能够增加买家对客服人员的信任感和服务的认同感。

（3）退换货条件

网络购物本来就存在不能实际观看和不能接触商品的缺陷，买家难免会根据自己的想象来美化商品，造成拿到实物以后不满意，或者因为不清楚自己的尺码买到不合适的产品。这时良好的退换货服务也是客服人员提高客户满意度，增加客户黏性的良好手段，绝对不能怕麻烦。有很多时候，售后的中、差评就是来自这些种种不能控制的原因，做好了退换货服务可以直接提升好评率。但服务好客户绝对不能等同于无原则地顺从客户，因此，事先明确提出是否能退换、退换的基本条件和时间限制等至关重要，图 4-3 为天猫退换货的条件。

图 4-3　天猫的七天无理由退换货条件

（4）折扣优惠标准

设置折扣优惠标准可能会刺激客户的购买欲望，客户原来可能只是想购买一件产品，然后因为优厚的折扣条件，一步步增加购买需求，最后往往可能比其实际预算高了两三倍，那么目的就达到了。同样，折扣优惠也是增加客户黏性、吸引回头客或者互相介绍朋友一起来购买的重要条件，图 4-4 为天猫某服装品牌专卖店的折扣及优惠情况。

图 4-4　天猫某服装品牌专卖店折扣优惠标准

（5）运输条件

汇款方式和发货方式也是有必要提及的，邮费是网络购买行为中一个比较敏感的话题，要求包邮往往也是买家要求优惠的手段之一，那么不管是不是可以做到包邮，明码标价是必须要做到的，另外，运送时间等都需要事先说明，以尽量在避免买家产生疑惑以后再反复解释的麻烦。同时为了提高支付宝中货款的现金流动率，方便对发出货物的查询和接收，客服人员也可以用默认快递的方式来暗示客户什么样的快递才是最价廉物美的选择。图 4-5 为某品牌牛奶的配送及物流说明。

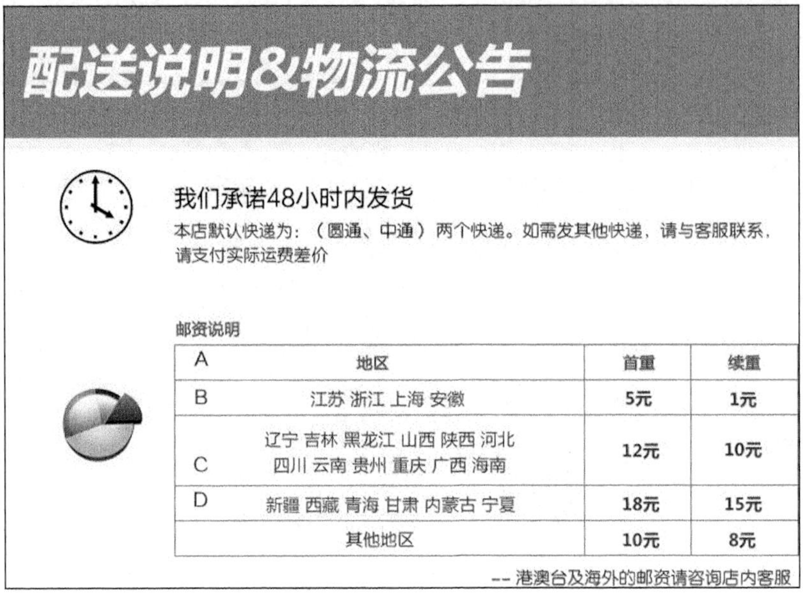

图 4-5　某品牌牛奶的配送及物流说明

2．售中阶段客户服务的工作职责

如果说售前准备工作基本上是卖家自己在努力的话，那么售中的服务就是由买家和卖家相互配合完成的，售中服务主要涉及收集信息、比较判断和做出决定 3 个重要内容。

（1）收集信息

要收集信息，客服人员需要学会与不同类型的客户沟通。在销售工作开始时，先清楚了解面对的是什么类型的买家，才能有的放矢地做出推荐和服务。针对不同类型的客户，客服人员所能给出的服务也是不同的。按对商品知识的了解程度来分，客户大致可以分为以下 3 种。

① 不了解型。这类客户可能缺乏其所要购买商品的知识，不懂的地方非常多，依赖性也很强，每一步都需要客服人员耐心引导。商品的一些最基本知识，对于一些入门级的"菜鸟"客户来说可能都是第一次听说，而他们又确实有购买的需要和诚意，所以客服人员就需要细心解答，全程辅导。

② 专家型。这样的客户是卖家比较欢迎的一种，他们知识面广，对要购买的商品比较了解，而且购买意向也相对确定，有可能就是冲着某一件商品来的，要的只是客服人员的配合和一些最后的疑惑解释，这时候切忌答非所问、不懂装懂。

③ 一知半解型。这类客户对产品略知一二、比较主观、容易冲动。客服人员在与其沟通时要控制

情绪，有理有节，不卑不亢，切忌固执己见、争强好胜。

（2）比较判断

在客户对商家提供的信息存在疑问时，如针对交易网站、信用、商品、支付、物流和售后服务等自身原因而产生疑虑，客服人员要通过良好的沟通打消客户的疑虑，具体做法如下。

① 认同顾客所处立场。

② 分析顾客疑虑的原因。

③ 针对顾客的疑虑，表明我们的观点。

④ 说服顾客接受我们的观点。

换位思考、将心比心、求同存异是良好沟通的基础，而良好的沟通是交易成功的重中之重。

（3）做出决定

在比较判断之后，就需要客服人员做出各种决定。在分析了客户中比较典型的 3 种类型后，不管是什么类型的客户，详尽专业的知识解答仍然是客服工作的重点。在客服工作中，有许多简单的问题经常被客户问到，因此客服人员可以在工作空隙有意识地搜集这些客户经常问到的问题，然后附上专业的说明。图 4-6 为某计算机组装网店的常规问答资料。

常见问题

- **我选择的这款商品有货吗？什么时候能发货？**

  答：您好，上架商品无特别标注的均有货。同时为了确保收到电脑能插电即用，每一笔订单生成之后都会进行严格组装调试并在72小时内为您发货，特别约定、活动商品除外。通常在非活动和节假日期间，当天14:00前付款订单24小时内发货，14:00以后付款订单48小时内发货。（具体以实际情况为准）

- **如果没有按照承诺发货我该怎么办？**

  答：亲请第一时间联系客服人员，为您查询订单延误的原因，工作人员会第一时间为您处理。

- **发票和商品同一时期寄出吗？若不是，我该如何追踪发票物流。**

  答：按照《中华人民共和国发票管理办法实施细则》，开发票的单位和个人必须在发生经营业务，确认营业收入时开具发票，我们都会在订单交易成功后为您开具，开具后快递单号发送至您的旺旺号。

- **我不买延保服务就没有保修了吗？**

  答：电脑是保修三年的，延保是天猫第三方公司的增值服务，购买延保后，3年之后的故障可以找第三方公司保修的。

- **这台主机可以升级显卡、内存或者硬盘吗？**

  答：可以的，如果亲有更喜欢的配件，可以进行调整。不过每一款机器都是经过宁美国度工程师测试过的，非专业人士需要更换，请参考客服建议。

- **为什么宁美国度的电脑比我们电脑城性价比高这么多呢？**

  答：电脑城实体成本过高且老板们都是以赚钱盈利为目的，宁美国度直接与厂家合作，省去层层代理费用直接让利给亲们，性价比会更高。

图 4-6　搜集常见问题

此外，客服人员还可将曾经为客户解答过并得到客户认同的回复作为参考答案，在有客户提及时复制给客户，以节省许多打字时间，但在发送给客户时需要做必要的修改，不能只注意其“提出”的问题，而自动忽略问题附带的信息。

3. 售后阶段客户服务的工作职责

售后服务有发货和售后保修及退换等。对于电子商务企业来说，售后阶段客服人员面对的主要工作是处理客户的差评和投诉。下面将分析客户提出差评或向客服人员表示不满的原因及客服人员需要如何面对。

（1）卖家因素

卖家因素主要表现为延迟发货、发错货品等。如果买家在购物全程因为卖家的服务造成不满并投诉，客服人员就要及时向买家表示歉意并提供服务投诉渠道，使买家获得满意的答复，同时客服部门要对相应的人员进行教育，防止再次出现类似情况。

（2）买家因素

买家因素主要表现为兴趣转移、后悔购买、与买前想象中的不符等。若买家投诉给差评的原因主要是自身造成的，那么客服人员就要给予合理解释，耐心说服，向买家解释清楚后引导其修改评价。

（3）物流因素

物流因素主要表现为收货延迟、物流时间过长、无法正确送达和货品丢失等。如果买家因为物流问题进行投诉，客服人员就要及时向物流公司核实原因并追究物流的责任，同时对买家表示歉意，根据情况给予相应补偿以解决差评和投诉问题。

（4）商品因素

商品因素主要表现为商品有瑕疵、货品与描述不符、货品有缺少等。如果买家投诉所买商品质量有问题，客服人员就要向买家及时提供退换货服务，消除买家的不满情绪，并引导其修改评价。

总之，对客户表示的不满，客服人员要快速反应，认真倾听，安抚与解释，诚恳道歉，提出补救建议，采取补救措施，通知顾客并及时跟进。图 4-7 为客服人员处理差评及投诉的工作流程。

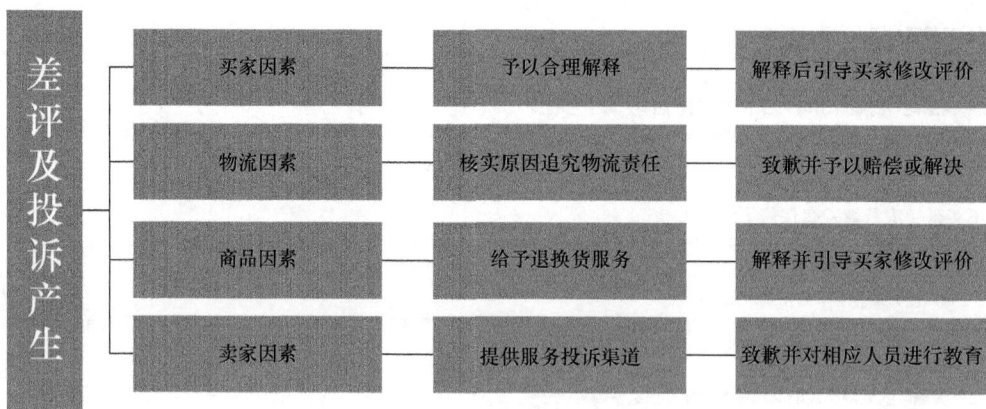

图 4-7　处理差评及投诉的工作流程

实战训练

1. 收集 3 个以上不同品牌电子商务网站对客户服务岗位的职责要求。

2. 收集 3 个以上不同品牌电子商务网站常规问答资料，并收集出现差评及投诉时，客服人员所做的处理资料。

自我评价

主要内容	自我评价等级（在符合的情况下面打"√"）			
	全都做到了	大部分（80%）做到了	基本（60%）做到了	没做到
收集客服岗位职责要求				
收集客服差评及投诉的处理资料				
自我总结 我的优势				
我的不足				
我的努力目标				
我的具体措施				

小组评价

主要内容	小组评价等级（在符合的情况下面打"√"）			
	全都做到了	大部分（80%）做到了	基本（60%）做到了	没做到
收集客服岗位职责要求				
收集客服差评及投诉的处理资料				
建议				

组长签名：　　　　　年　　月　　日

教师评价

主要内容	教师评价等级（在符合的情况下面打"√"）			
	优秀	良好	合格	不合格
收集客服岗位职责要求				
收集客服差评及投诉的处理资料				
评语				

教师签名：　　　　　年　　月　　日

任务 4.2　客户服务对电子商务运营的推动作用

📄 任务目标

熟悉客户的常见提问方式及客服解答方案。

掌握常用的客服解答技巧。

✍ 任务描述

本任务主要描述了客服人员在推动电子商务运营方面的 3 点表现，并通过表格的形式展现了专业客服人员常用的回答技巧。

⚙ 任务实施

客服人员在推动电子商务运营方面的表现主要有 3 点，即实现销售、推动营销和提升客户满意度。而客服的日常工作主要是接受客户"主动"的咨询，接受客户咨询的过程就是完成商品推荐、答疑解惑等的过程；而在为客户介绍产品、答疑解惑的过程中，实际还包含了商品的营销功能，如向客户推荐组合商品、同类商品等，客服人员也可以根据之前客户留下的信息，主动联系客户，提供打折促销等信息；优秀的客服人员具有专业的表现，往往会令前来咨询的客户感到愉快、专业和满意，无形中让客户对企业形象、产品质量等产生好印象，从而有利于促成销售、提高回购率。

客户在主动咨询时，常见的提问分为以下几种。

（1）关心所购买商品的品质

如怎么证明是正品？怎么辨别？支持专柜验货吗？验货说是假的怎么处理呢？如表 4-1 所示。

表 4-1　商品品质问答

问题	提问背景	解答参考	解答技巧
怎么证明是正品	网络假货泛滥，怕遇上 无网购经历顾客怕上当 第一次到店铺的顾客 对商城不了解的顾客	1. 店铺以公司名义开设的，在工商部门有备案，销售产品均为全国销售规模前十的运动代理机构直接供应的正品，您可以放心购买 2. 反问：您也许是第一次到商城或第一次到我家店铺查看商品吧？我们都是官方商城评估验证后批准的第一批元老店铺，商品品质您可以放心	1. 强调是官方商城评估验证后批准的第一批元老店铺 2. 工商备案，有公信力
怎么辨别	还是不相信客服人员	全国已经有好几万用户成为我们店铺的老顾客了，您可以随意看一下。需要我帮您简单介绍一下吗	1. 证据说话：我家已经有好几万的老顾客了，打消疑虑 2. 撇开这个话题，提出问题，了解顾客需求

问题	提问背景	解答参考	解答技巧
支持专柜验货吗	懂得一些维权知识,对网络销售环境略有了解	十分支持啊,假一罚十哦	言语上亲切和拉近距离
验货说是假的怎么处理	思维比较缜密,购买很小心	1. 到目前,我们销售出去的几万件商品,没接到一件假货投诉呀 2. 很多个体小店铺抓住顾客贪便宜的想法,什么A货、外贸尾单等,货品渠道不正宗,到头来是顾客自己吃亏 3. 我们是可以提供正规发票的,这对您是有保障的	1. 证据说话 2. 进行对比 3. 提供商品发票

（2）希望价格优惠

如价格能不能再少点？最低多少钱啊？能再给个折扣吗？送不送东西啊？下次来买会不会优惠点？能不能给包邮？能多配双鞋带吗？如表4-2所示。

表 4-2 商品优惠问答

问题	提问背景	解答参考	解答技巧
价格能再少点吗能再打个折吗	顾客养成的习惯问语碰到较贵的商品女孩的讨价还价心理	1. 我家的商品是正规渠道进的,价格已经比线下低很多啦 2. 售价是公司规定的,我们客服人员是没有权利议价的,希望理解	1. 话语可以随和一些,缓和气氛 2. 告知网络购物已经比线下专卖店便宜很多了
你家卖得挺贵呀	顾客试探性话语	呵呵,不知道您是不是和我们开玩笑啊。贵与不贵是相对的,我们店铺不是靠低价起家的,如果您了解的话,我们更乐意为您提供一种价值服务	缓和一下气氛,探听顾客背后有什么信息
有没有送礼品什么的呀	习惯性问法,爱好此类优惠方法	1. 直接法:不好意思,公司在节假日搞促销活动,一般才会有礼品 2. 提醒法:公司在节假日都会有一些促销活动,回馈新老顾客,但促销类型也很多,不一定就是送礼品,届时您可以积极关注一下。大家彼此理解	回复后提醒其积极关注节假日活动,有必要,可以告知其最近一次促销情况,提早单独告知,让顾客感觉受到礼遇
别家都送礼品了（别家都可以再优惠）,你家怎么这么死板啊	其他家也许在促销	1. 各家有各家的经,商城竞争也激烈,有的商家卖给你很便宜,但是其他服务根本得不到保证,这个你们可要小心啊。（试探着间接问,他是否会说出别家促销方式） 2. 公司拟定商品价格不是随意的,怎样的商品卖怎样的价格,公司一定有计划、合理定价的	1. 强调打折或送礼品,其他服务是不是能跟上,做提醒 2. 强调价格是公司行为,有其合理性

问题	提问背景	解答参考	解答技巧
你们不优惠我就走了	威胁,但这是希望在我们家下订单的一种心理	1. 通过刚才的话语问候,感觉您还很识货呀,这款产品在××方面,确实×××,现在对运动鞋能像您这样理解到位的,太少了,顶一下 2. 对于其他商家的经营行为,我们是无法干涉的,许多老顾客在我们店买了又买,说实在的,我们公司是倡导为顾客提供价值的,而不是价格 3. 您来到我们店铺也是种缘分呐,您放心,您买过我们的商品就会体会到我们的服务的,对了,您这件商品这几天好像好多人问(买),我先帮您看下库存吧?(您如果觉得款式满意,就赶紧拍下吧,这家逛那家跑的,其实也挺累的)	"三明治"策略 1. 先赞美顾客优点 2. 强调公司理念"让顾客收获价值" 3. 促成交易行动和话语提出
顾客再次声明,价格不便宜就走了		1. 您真的认为我们的价格很高吗?是觉得和您的心理价位有差距还是别家卖的比我们低呢?(可以先反问,两种假设,二选一) 2. (顾客回答,如果属于心理价位,就缓和一下气氛)这样吧,我们聊来聊去,都挺辛苦,我也看出您买这款××的诚意,算了,真是磨不过您呀,我帮您申请一个小礼品送给您吧?其他人可是没有这样的机会的 3. (顾客回答,如果属于竞争对手价位)哦,竞争对手这样的价格呀,也太低了呀,换着我,我还真不敢买哟。这样吧,价格是不好再低的,我帮您申请一个代金券吧!其他顾客可是没有这样的特别照顾哦	1. 最后一步,确认对方是心理价位低还是和竞争对手相比本店价格高,提出单独申请,给顾客帮助,让顾客感受特别荣耀 2. 事情快办完时可以半开玩笑地说,到时候可要给个好评哟
下次来买会不会优惠点	这次没讨到便宜,希望下次优惠(挺精明的)	1. 我们都很希望老顾客多多光临我们店铺,下次碰到有活动,一般会有优惠的 2. 多买多优惠,下次您可要多买两件呀,我家店铺货品在整个运动行业,口碑还是不错的。希望您多关注呀	礼貌用语,提醒活动有优惠,不好正面回答
能不能给包邮	商品价格也许还没有到包邮标准	1. 我们是全场满200元就包邮的 2. 有的店铺是280元才免邮费,我们已经为顾客考虑好多了哟 3. (如果顾客特别希望,或非常直接地说没有免邮费就不买了) 第一种:满180元的,说可以申请一下看,但不能保证批下来,先给个心理暗示,批准下来后,顾客喜悦程度会超过期望,体验是不一样的,会更认同我们。 第二种:未满180元的,建议看看其他商品,这时候做主动推荐	1. 告知政策 2. 灵活应用180元以上也可以免邮费

问题	提问背景	解答参考	解答技巧
能多配双鞋带吗	顾客以前买过，有配过，顺带问问	1. 反问确认：您在以前买鞋子时有过送鞋带的经历吗 2. 是这样的，这个确实太细节了，商品部给我们信息，一般也都是和您看到的图片信息一样，这个只能是根据每个厂家的情况具体看了，一般情况下，一双鞋带也是够用的 3. 我记得自己上学时，踢足球比较费鞋带，这个也是看每个人的穿法和使用环境	提醒每个厂家情况不一样 建议不要刻意、一定要求
你们价格怎么这么便宜呢	质疑产品价格以及货源是否为正品	1. 反问：是吗？您以前都是在专卖店买鞋吧 2. 网络销售，省却了传统企业很多渠道和门店费用，商品价格一般要比线下优惠，所以现在有越来越多的人热衷网络购物，也挺时尚的，我家商品新款多，还齐全，价格方面还很有优势，您可以从容挑选一下	看对方深一步问题说话

（3）关心商品其他信息

如发货包装、发票是不是新品呀？商品会不会是样品？是不是没试穿过的?发货前要帮忙检查下哦,商品上面不要有污渍,尺码会不会发错？包装是不是和专柜的一样？有购物袋吗？有专柜发票吗？是从哪里发货的？这双鞋，没有吊牌，是不是假的呀？如表4-3所示。

表 4-3 商品其他信息问答

问题	提问背景	解答参考	解答技巧
是不是新品呀	希望买的是新品 如果不是新品，希望价格优惠	1. 确认是新品情况：店铺主打新品销售，每月新增 500 款以上，您看中的这双，是新品 2. 确认是过季产品：哦，您看的这款是刚过季的，我们价格已经下调了，您买了很划算 3. 不太确认：我家都是以卖新品为主的，特价货品也会有一些，其实，这些国际品牌，每年款式的变化不是很大的,因此,只要自己喜欢就好,您说呢	1. 除非确认是特价品，一般默认说主打新品 2. 强调自己喜欢是最重要的，新款也并不是说人人喜爱，有的款每年都会出
商品会不会是样品	有买过样品鞋的经历。 对服装终端销售了解一些，知道有陈列的样品，产品质量会有变化	1. 反问：您以前穿过样品鞋吗？呵呵 2. 我们店铺的货都是正规渠道进的，不会有什么打样的货品流入我们仓库再发货给您的，这个您放心	有时候，需要向顾客确认：您指的样品，怎么理解较好
是不是没试穿过的	顾客想得到一些心理安慰或求证如果我们穿过，希望给些鞋子是否合适的信息	我们进仓的货品都是大货，我不太确认您说的这个问题，是想在哪方面给您一些帮助呀	可以了解顾客在这方面的顾虑和想法

问题	提问背景	解答参考	解答技巧
发货前要帮忙检查下哦，商品上面不要有污渍，尺码会不会发错	1. 以前自己或听说会有发错货的情况，进行提醒 2. 送朋友的，给予交代	我们进出仓货品都是有检查的，这些我们仓库人员都会注意和把关的	交代可以放心，我们进出仓是有验货的
包装是不是和专柜的一样	希望和线下专柜一样，想要踏实感	我们的货品是与线下专卖店同步上市的，都是相同的供应商，产品包装也都会是一样的	正常解答就可以
有购物袋吗	需要袋子或随便问问	可以明确对方是否需要，说：一般情况下，购物袋快递时会折了，我们一般不放在里面的，您需要的话，请留言给我们，仓库会帮您配好的	正常解答就可以
有专柜发票吗	报销或者随便问问	我们是正规的公司，可以给您开正式发票，不过需要您下单时，留言给我们，不要忘记了哦	正常解答就可以
是从哪里发货的	关心货源出处与正品关系或需要推算快递时间（有可能也会是竞争对手刺探军情）	1. 我们的货品都是从杭州发出的 2. 您这样问，是要我们给您什么信息呢（顾客第二次问时，可以说公司交代，都说从杭州发出，从金华发出，是因为货品刚好在金华，可更快地给顾客发货，而不是先发到杭州再发给顾客）	此处不说或说从金华发出，如果顾客很关心这方面（疑是竞争对手），可以说：这段时间生意挺好的，好像很多人都关心我们的货源问题，前两天有两个同行来问，不小心还露了马脚，挺有意思（让对方听懂我们在怀疑）
这双鞋，没有吊牌，是不是假的呀	质疑产品品质和货源	1. 是这样的，有很多新朋友在开始接触耐克、阿迪达斯等国际品牌鞋子时，非常不习惯鞋子没有吊牌，认为我们提供的是假货，其实这是误解，以前耐克、阿迪达斯的鞋子都是有吊牌的，不过现在一般都没有了，您不放心的话，可以多问身边的朋友，我说的是真实情况 2. 我家货品完全支持专柜验货，您就放心吧	

（4）退换货

如尺码不对可不可以换？买了不喜欢可以换其他款式吗？退换货都有什么流程？吊牌被拿掉了可不可以退换？退货要用什么快递？退换货邮费谁支付，可以到付吗（记得一定要请客户放心，如确实为质量问题，我们一定会妥善处理，给客户一个满意的答复）？等等。如表4-4所示。

表 4-4　退换货问答

问题	提问背景	解答参考	解答技巧
尺码不对可不可以换	担心尺码不合适	我们的服务政策：7 天无条件退货，15 天无理由换货，只要在规定时间内提出，寄回商品不影响二次销售，都是允许的	1. 阐明政策并解释 2. 提醒换货费用由对方支付
买了不喜欢可以换其他款式吗	担心图片与实物有差异	1. 15 天内可以换同款的不同颜色或尺码 2. 如果超过 7 天，要换其他款式，那是不行的 3. 为避免不必要的退换货，您在拍下的时候，请慎重考虑哦，想好了再下单并完成付款	说明政策，提醒仔细、慎重选款下单
退换货都有什么流程	不了解	1. 亲，可以看看我们这里的"退换货须知" 2. 最主要的是，有退换货需求，要及时告知我们，说明情况，我们会按合理的流程为您办理的 3. 如果是质量问题，需要发图片给我们审核	提醒对方详细阅读条款
吊牌被拿掉了可不可以退换	提出可能的问题	1. 原则上是不行的（看顾客反应） 2. （顾客再次咨询和要求）当然，这个原则不是死的，我们会根据情况判定以及做人性化处理 3. 呵呵，以前也有这样的现象出现过，我记得当时一位顾客退款时少退了 10 元吧，不直接说，威慑一下	提醒下单慎重，穿时注意
退货要用什么快递	细心的顾客类型	这个我们没有什么特别要求，只要及时寄回商品，我们也会及时办理退款的	—
退换货邮费谁支付，可以到付吗	关心核心问题	1. 除质量问题的退换货由我们支付外，其他原因，如款式不喜欢、尺码不对、颜色调换等退换货的往返费用，都需要顾客来承担 2. 我们允许退换货，退回来的就是我们的库存呀，到时候都是要亏本销售的，呵呵 3. 到付也是可以的，只不过都是会在您的账户中扣除的	详细说明
退货时的退款是怎么算的	问得很细致	两种情况。第一种：邮费。如果是质量退货，我们会承担邮费的；如果是您个人原因引起退换货，邮费是您这边出的 第二种：商品本身购买成本的费用。商品本身的质量问题，我们会在到仓后，由专门的质量人员给予鉴定，是商品本身的质量问题，我们将全额退款；如果是顾客穿着不当引起的，产品有影响二次销售的地方存在，那对不起，我们会有适当的扣款，希望您理解，都清楚吧	把两种情况都说下交代公司都会酌情处理的

问题	提问背景	解答参考	解答技巧
退款一般什么时候打到我们账户	—	如果退换流程顺利和正常，一般 3～5 个工作日吧（有时候财务会出差什么的，也是要考虑的，呵呵）	交代正常情况下的执行 并告知不可预测的情况

（5）商品属性信息及推荐

如衣服的具体长度和胸围有没有？鞋子阿迪达斯穿 41 码的，耐克的要穿多少码？这款商品尺码偏大（偏小）吗？什么时间出产的？什么材料，穿着会不会热（冷）？你们货品的产地是哪里？等等。如表 4-5 所示。

表 4-5　商品属性信息及推荐问答

问题	提问背景	解答参考	解答技巧
衣服的具体长度和胸围有没有	专业人士或没有看到相关的信息	在我们每个商品页，都会有该品牌的尺码一览表，您可以根据尺码表对应您的身高等情况，找到最合身的那一个型号	最好让顾客自己对照尺码表，除非顾客报数据，让我们推荐型号，我们再给意见
鞋子阿迪达斯穿 41 码的，耐克的要穿多少码	平常穿阿迪达斯，准备看下耐克鞋子了	1. 恭维：看得出，您穿阿迪达斯牌子好久了，耐克鞋子，尤其篮球鞋和板鞋不错，不知道您想看耐克哪个系列的鞋子？我可以帮您推荐一下 2. 目前我店还没有按尺码查找的功能，不过这两个牌子的尺码还是比较规范的，基本差不多，具体您可以将您挑选的系列和尺码表对照一下，稳妥一点	客服人员最好事先知道各品牌尺码特征，进行对比就有数了（需要销售部提供资料）
这款商品尺码偏大（偏小）吗	以前遇到过，慎重问一下	如果商品页面没有特别说明，一般是和平常穿的尺码一样的，您可以参照该品牌尺码表判断一下	客服人员最好事先知道各品牌尺码特征，进行对比就有数了（需要销售部提供资料）
×××尺码的商品有哪些	比较懒或商品少的时候，对方不耐烦，自己找了	1. 是这样的，我家店铺货品和尺码比较全，关键看您喜欢哪一款，差不多的款式，总会有您的尺码的，建议您耐心看一下，呵呵 2. 如果是对方连看了几个款式，还是没有中意的，如果有时间，可以做 1 个以上推荐，让顾客感觉我们的热情	原则上让顾客自己找，客服人员时间有限
商品还有其他颜色吗	—	1. 是这样的，我们的商品太多了，不太容易记得住，现在实在太忙了，计算机已经挂了十几个旺旺了，不然我可以帮您找一下，抱歉啊 2. 如果有时间，可以帮助做推荐	根据时间灵活把握

问题	提问背景	解答参考	解答技巧
什么材料,穿着会不会热(冷)	也许是个门外汉,也许是个专家	您可以仔细看下商品页的属性资料,都会有介绍的 如果客户具体问到某个细节,再做回答	客服人员要具备各类产品基本知识(计划在每个品牌页提供产品导购信息供参考)
你们货品的产地是哪里	业内人士咨询(或竞争对手刺探)	每个品牌的产地都不一样呀,一般吊牌上都会有的,我们的产品都是正规渠道进的或厂家直接发的,您可以放心购买	—
这鞋子重不重啊	很关注鞋子的性能,比较专业,或许会用于某个使用环境	1. 问鞋子多少重的人还真少,您准备在什么地方穿啊 2. 这款鞋子(看图片判断)应该是正常重量吧 3. 我的朋友穿了一双和这款差不多的鞋,比一般鞋子要轻得多,走路很舒服	看具体款式判断来说
什么时间出产的	顾客也许关心的是:是否为新款	鞋子和食品不一样哦,出产时间倒不是最重要的,这款刚上市不久,您挺喜欢是吗?(抛出问题,了解需求)	建议多抛一些问题,挖掘顾客各方面的需求:比如,款式,配色,在哪里穿,干什么用的,价格区间,自己穿还是送人
你们家有没有×××的衣服啊	一般是在查找没有后会这样问,直接购买欲望强	1. 是这样的,我们家以卖×××为主,您说的×××品牌,是准备第一次购买试穿吗?(判别该顾客是否为该品牌老顾客) 2. 我知道的,×××品牌××不错,您挺有眼光啊 3. 如果不介意,您不妨了解一下我家的×××品牌和产品,您刚才说的×××性能都有,而且还有×××新的特点,我给您看下吧(找出商品页面发给顾客)	先肯定、赞扬,后推荐 或者如果觉得该品牌有什么大家都知道的缺点,不妨告知对方,让顾客转移品牌
能不能帮忙找下×××样子的商品	想买,如果合适就会买	1. 如果有基本相同款,直接推荐,注意找价格相符的 2. 如果没有,可以先试探对方看中这款主要是什么原因,然后先肯定一下,再转移到推荐我们家的某品牌、产品	尽量抓住顾客,促成交易
有没有适合这款 T 恤的运动短裤,帮我推荐一下啊	想买一套	1. 稍等,这里有个顾客很急 2. (等待 30 秒左右)亲,对不起啊,我还是脱不开身,要不您先自己看,您可以通过左边侧栏按类别搜索中的下拉按钮来查找,我家×××产品还是比较多的,应该有可以一起搭配的×××,如果有什么困难,可以再呼我一下哦	想帮忙,但心有余而力不足,提醒有困难,但还是可以及时帮助的
这个商品买回去,洗护要注意什么	想了解售后服务知识	您可以详细看下我们购买须知中的"保养须知",您还真细心呀	

（6）库存、缺货

如商品一定有货吗？到时候拍下付款后没货怎么办？为什么拍之前说有货，第二天又通知没货了？能不能先确定有货？以后还会有货吗？能不能帮忙换一件？为什么缺货了不早点通知？如表 4-6 所示。

表4-6　库存、缺货问答

问题	提问背景	解答参考	解答技巧
商品一定有货吗	老买家了，以前有过退款经历，慎重提问	1．服装产品实行的是订货制，因此这批货品在半年前就生产出来了，库存都是有限的 2．您看中哪款了？我可以帮您查一下，您稍等哈 3．库存显示还有货，不过不多了（不要说有多少件），我们销售和线下专卖店同步，库存变化很快，如果您要买这款，从我们的经验来看，早拍早付款，就比较有保证一些	告知与线下专卖店同步销售；库存变化快，要早下单
到时候拍下付款后没货怎么办	不太放心，心里有些虚，吃过亏	1．目前我们的库存数据管理还是比较严谨的 2．您说的情况，现在对于商城任何一家卖运动品的店铺，都会存在的，只不过程度不同罢了 3．因为拍下和出货有个时间差，这段时间专卖店也在卖，因此，有时候会出现像您说的这种情况，不过，我们家的缺货概率大约都在 5%以下，相比行业 30%的缺货率已经很好了。您可以比较或了解一下	告知缺货率 5%左右，比行业 30%还是低很多，库存都是动态的
为什么拍之前说有货，第二天又通知没货了	质疑服务态度	1．其实我家的缺货率还是很低的，基本都在 5%以下 2．最主要是我们销售和专卖店销售同步，但有个时间差，专卖店比我们走货快造成的。我们目前是一天发一次货，比如 100 家专卖店在中午都卖了您这款，我们是下午发货，就会碰到断货的情况，这点还请多多包涵啊	最主要是专卖店卖现货，比我们走货快造成的 安慰话语
能不能先确定有货	不放心，希望踏实后再买	1．可以先确定的 2．但是丑话说前头，任何店铺都会有缺货率 3．如果您喜欢这双鞋，一般情况下都会有货的，明天就可以给您发了，您不下单，好卖的款式，我们这里走得很快（转移话题，并制造稀少感和紧迫感）	为对方下单增加信心加快和督促顾客完成下单
以后还会有货吗	很希望拥有这一款	1．这个不好说，不过我可以登记一下您的需求 2．看得出，您的审美不错呀；您喜欢这样的款式，×××品牌也有，如果您着急穿，我可以向您推荐一下，您还是要这种蓝色款式吧？我也挺喜欢的（提出话题，自己也认同，并且给答案，快速刺激和推进）	能推荐替代品，并下单，才是成功者

问题	提问背景	解答参考	解答技巧
能不能帮忙换一件	收到货，需要换了	1. 可以先确认您要的尺码和颜色，才好调换，不过只能是同一个款式的 2. 您已经看中了吗	热心解决
为什么缺货了不早点通知	气氛心情，质问	1. 不好意思，万分抱歉，非常理解您现在的心情 2. 是这样的：您这款×××，正常情况应该是昨天要通知您的，不巧的是，经办同事昨天身体不舒服（或其他真正理由），有3个顾客缺货，都没能通知到。今早同事才从家里告知我们您的情况，所以我们马上联系您了 3. 这种情况也较少，一般我们第二个工作日都会通知的，给您带来了麻烦，还望谅解 4. 这次没做好，我们下次一定争取做好 5. 如果不介意，我给您推荐两款热销的，当然保证一定会及时给您发货，您看行吗 6. 要不这样，如果您没有其他要挑选的款式，可以申请退款，再次对不起啊	心平气和地听顾客讲完，要有耐心 理解对方，给予道歉 说明情况 看顾客反应和要求灵活处理

（7）支付与退款

如支付宝密码忘记了，能不能退到其他账户里面？能不能退到银行卡里面？等等。如表4-7所示。

表4-7 支付与退款问答

问题	提问背景	解答参考	解答技巧
我是"菜鸟"，怎么买你们的东西呀	新手，准备尝试网购	是这样的，不管您在哪家购买，首先要选好颜色和尺码，一般会有购物车或购买的按钮，您单击到结账页面，系统会自动提醒您怎样操作，最后完成支付宝操作，付款成功	热情
支付宝怎样操作呀	新手或不熟练的	结账过程中，会弹出支付宝的支付页面，您要完成登录，然后按页面提示完成操作就可以了	如果有需要注意的事项，最好能提醒对方
支付宝密码忘记了，能不能退到其他账户里面，能不能退到银行卡里面	经常会碰到	呵呵，这种情况也是可以退到银行卡的，不过我们财务麻烦一点 （待确认）	—
你们不是说已经退款了吗，我怎么还没有收到啊	顾客比较急	稍等，我马上帮您看下；说明后台或实际财务情况；如果不正常，就需要及时处理，给顾客满意答复	

（8）发货速度、快递单号

如什么时候能发，当天能发货吗？用什么快递？什么时候能到，能不能指定快递，换快递要加钱吗？你们家发货怎么这么慢呀？等等。如表 4-8 所示。

表 4-8　发货相关问答

问题	提问背景	解答参考	解答技巧
什么时候能发，当天能发货吗	都会问的问题	我们每天的订单处理工作量比较大，一般是当天晚上比较迟了才开始处理，所以大家的货都是第二天发	说明操作流程，表示会尽快安排说明每位消费者都是如此安排，没有特殊性
其他店铺当天就能发货，你们为什么不行呢	还是希望或者质疑	1. 我们店铺货品的供应商是全国前十名规模的代理商，所以公司规模大，流程也较多，不像很多小店铺，老板自己当客服人员，当天就能发货，因为他的网店就直接开在专卖店里，开在所谓的线下仓库里，能马上发货，也是很自然的了，呵呵，这一点还请多理解呀 2. 所以，不是特殊情况，您可以多看看我家货品，上货快，新款多，应该会有您喜欢的	说明情况，做对比转移话题，点明优势
用什么快递，什么时候能到	老买家了	1. 我们发快递以 EMS 或申通为主，这个主要是仓库安排，灵活 2. 正常情况下，到您那应该是×个工作日吧，不过不排除快递公司那边有什么突发变化给造成拖延等 3. 不管用什么快递，我们会将货品以最快速度安全送到您的家门口，网购就是好啊，我也经常网购，呵呵	交代会及时安全送达
能不能指定快递	有些老习惯	1. 指定快递也不是不可以，不过从您的角度说，我们只要保证货品及时安全送达您家，就可以了 2. 就像母鸡下蛋的道理，反正有蛋吃，您会管是哪一只母鸡下的吗？呵呵，做个不太恰当的比喻，见笑了 3. 如果顾客一定要指定，请他留言	留言
换快递要加钱吗	—	1. 看来您确实很关心快递公司的情况，不知快递公司不同对您的影响是在哪里？（可以先了解对方需求，此段可以不说） 2. 我不知道您换快递的道理是什么，但是如果是一些小快递公司，我们配合不多，不太好保证他们提供的服务啊（间接说，暗示）	提醒合作不多的公司，服务不好保证
你们家发货怎么这么慢呀	还没有收到货，着急	1. 不好意思，您还没有收到货吗？我帮您查一下什么情况，请告知我您的姓名或者订单号 2. 告知顾客情况 3. 如果是周末的单子，需特别说明：您的订单是上周五下的，但是我们的订单都是在工作日处理的，因此，会比正常单子多耽搁两天，呵呵，还请多理解，订单处理的流程还是比较多的，要点时间	正常说明情况，顾客火气大，就多磨一下，好话多说一些如果有什么具体要求，需灵活处理

问题	提问背景	解答参考	解答技巧
你们说发货了，但是快递单号没见着呀	不相信，想确认一下	亲，不要着急，因为我们发货量大，运单号一般发货当晚 7 点前没有时间输入，第二天一早才输入，要不，我看下您的订单状态，请告知您的姓名	正常服务
我的订单状态显示配送中，是不是还没有发货呀	怀疑	1. 我帮您查一下，应该是发货了，不要急啊 2.（查看实际情况）哦，已经发货了，仓库后台还没有登记而已，您放心吧	仓库要以实际情况操作，不能作弊

（9）投诉

如我要投诉你们，给差评；你的工号是多少？等等。如表 4-9 所示。

表 4-9 投诉相关问答

问题	提问背景	解答参考	解答技巧
你们的服务态度（工作质量）这么差，我要投诉你们	受到不公正礼遇或服务态度差，引起顾客不满	1. 了解实际情况，做出判断，属于我们自身问题还是顾客问题 2. 如果是我们自己工作失误造成的，诚恳向顾客道歉，顾客不太消气的，给点小礼品或代金券等弥补顾客 3. 及时上报此类情况给主管，做好档案记录	先压压对方火气，表示一定会处理好，给顾客满意的答复
你的工号是多少	—	可以告知顾客工号	—
我要投诉你们，给差评	气话或者威胁	1. 如果是我们工作失误造成的，我们会弥补您的损失，您放心，我可以向我们主管申请一下，给您一个满意的答复 2. 我家店铺秉持以诚信经营为核心的服务理念，只要对不起顾客的，一定会给你们解决并进行相应的补偿，您看我是给您申请代金券还是送××礼品啊？不好意思，这些东西一定要收哦，亲，不知这样的处理您满不满意？所以，很多事情只要沟通好了，是没必要搞得大家都不愉快的。我们也欢迎您下次还能光临我家，什么好评差评是给人家看的，我们自己有实际实惠才是真道理，您好走呀	

（10）询问代理、公司等情况

如我想看看你们的代理政策等。如表 4-10 所示。

表 4-10 询问代理、公司情况相关问答

问题	提问背景	解答参考	解答技巧
你们招聘代理吗，有什么条件	诚意或者随意问问	这样好吗？您如果对代理有意向，可以直接联系这个电话	先让客户冷静，表示一定会处理好，让客户放心
我想看看你们的代理政策	—	不好意思，这个需要您与我们渠道拓展的负责人联系，他的电话在页面顶栏	

问题	提问背景	解答参考	解答技巧
廖斌是你们老板吗	—	是我们这边的负责人，您怎么对这个感兴趣呢？您是同行吧	—
你们与网盛生意宝什么关系呀	—	呵呵，不好意思，这个超越了我们产品销售的层面，我只能说，他们好像参与了我们公司一些投资或合作什么吧，呵呵，您看中什么款式了吗	

（11）其他问题

如表 4-11 所示。

表 4-11　其他问题问答

问题	提问背景	解答参考	解答技巧
你们有淘宝客服电话吗	—	淘宝客服：0571-88157858；淘宝 B2C 客服专线：0571-85026880；支付宝客服：0571-88156688	
你家店铺怎么没看到信誉啊	随便问或有些不放心或看不起	商城店铺和外面的个体店铺是不一样的，商城里是顾客给卖家打分，最高分是 5 分，我们店铺平均在 4.6 分，还行吧	
商城积分是干什么用的呀	—	积分是商家对买家的一种返利，您获得的积分可以在下一次购物中，直接作为现金抵用。100 个积分可以在购物时抵用人民币 1 元，多买多得呀	
你家信誉怎么这么低呢	淘宝 C 店刚开业	1. 呵呵，感谢关注呀。店铺刚开业，总是要有个累计呀 2. 我家其实是公司投资的，老板说商城里面还要管理费，还不如开在外面，让利给顾客 3. 店铺介绍……您对哪类商品感兴趣呢？我帮您看看吧	可以问顾客是怎么找到店铺的，做个简单的调查

实战训练

在不同的电子商务网站测试客服人员对常见问题的回答。

任务评价

自我评价

主要内容		自我评价等级（在符合的情况下面打"√"）			
		全都做到了	大部分（80%）做到了	基本（60%）做到了	没做到
测试客服人员对问题的处理					
自我总结	我的优势				
	我的不足				
	我的努力目标				
	我的具体措施				

小组评价

主要内容	小组评价等级（在符合的情况下面打"√"）			
	全都做到了	大部分（80%）做到了	基本（60%）做到了	没做到
测试客服人员对问题的处理				
建议				

组长签名：　　　　　年　月　日

教师评价

主要内容	教师评价等级（在符合的情况下面打"√"）			
	优秀	良好	合格	不合格
测试客服人员对问题的处理				
评语				

教师签名：　　　　　年　月　日

任务 4.3　客户服务体系的考核管理及行为规范

任务目标

熟悉不同类型客服的考核内容。

了解客服的考核原则和规范用语。

任务描述

不同的电子商务企业可能各有其特点，这里介绍的考核管理以普遍通用的方式为主，仅供参考。同时，对客服人员的具体行为做出规范，以期规范化、专业化。

任务实施

新进客服员工最开始会进行两到三周的系统培训，在培训的过程中，每结束一个环节，这些新进员工就会经历一次考核，考核方式一般为笔试和上机操作，考核分数为分岗及转正考核的依据。客服主管的职位原则上优先考虑内部竞选，其次选择外部招聘。销售客服及售后客服考虑员工意愿，结合考试分数合理定岗。综合上述两个任务中对客服岗位任务和作用的介绍，这里根据客服性质再做一次系统总结。

（1）销售客服

主要进行产品问题解答，在线销售，对未成交订单进行跟进，挖掘潜在的消费者，同时对老客户进行新品推介等。

（2）售后客服

主要进行已完成订单的跟进，退换货处理，卖家数据收集，后台订单系统操作，同时对客户关系进行维护。

（3）客服主管

对团队进行激励和情绪安抚，对员工每日的工作进行安排，对员工的日报进行监督检查，考核工作流程，记录绩效考核情况等。

图 4-8 为各种性质的客服人员的工作内容。

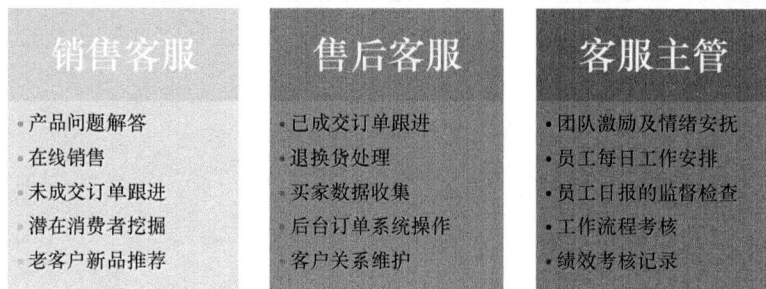

销售客服	售后客服	客服主管
• 产品问题解答 • 在线销售 • 未成交订单跟进 • 潜在消费者挖掘 • 老客户新品推荐	• 已成交订单跟进 • 退换货处理 • 买家数据收集 • 后台订单系统操作 • 客户关系维护	• 团队激励及情绪安抚 • 员工每日工作安排 • 员工日报的监督检查 • 工作流程考核 • 绩效考核记录

图 4-8　客服人员的工作内容

4.3.1　客户服务的考核管理规则

电子商务企业在运营管理中需要对自己的客服团队进行定期考核，通过考核来发现客服管理中的不足，同时对优秀客服员工进行物质和精神的激励，对有待提高的客服员工提出指导建议。

1. 定期考核的内容

客服员工定期考核的内容包括工作态度、营业额完成情况、工作执行情况、培训掌握程度、工作技能熟练程度、个人综合能力和客户服务水平等，在具体执行过程中，可以根据实际情况对考核内容进行增删。

2. 绩效考核的实施办法

对客服团队绩效考核的具体实施方法，主要有硬性数据考核、量化考核、抽查考核和试卷考核4 种。

（1）硬性数据考核

硬性数据考核主要考核网店流量、咨询量、成交量和成交率，如图 4-9 所示。其中，日流量、月流量、来路统计和入口统计是网店流量的主要统计指标；咨询量主要是对咨询客户资料进行统计的量；

成交量分为整店成交量和单品成交量，整店成交量=访客数/订单数，单品成交量=单品访客数/单品销量；成交率=成交量/咨询量。

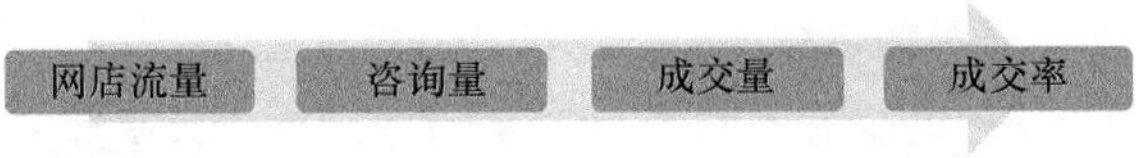

图4-9　硬性数据主要考核内容

硬性数据还要考核转化率、退单率和好评及中差评，如图 4-10 所示。转化率是成交的用户数与浏览店铺数量之比；退单率=订单退单量/子订单总成交量；好评及中差评主要考察好评及中差评的数量。

图4-10　硬性数据其他考核内容

（2）量化考核

量化考核主要考核网店维护、推广统计、客户数据及仓储物流情况，如图 4-11 所示。网店维护主要从产品摄影数量、图片处理数量和页面制作数量 3 方面进行考核；推广统计主要考核站内和站外的推广报表情况；客户数据主要考核成交买家数据报表、意向买家数据报表和促销活动发送报表的情况；仓储物流考察出入库报表和物流发货报表情况。

图4-11　量化考核的主要内容

（3）抽查考核

抽查考核内容包括响应时间、服务态度、沟通技巧和销售技巧，如图 4-12 所示。响应时间抽查旺旺咨询聊天记录的应答时间，服务态度和沟通技巧主要从旺旺咨询买家的聊天记录中获得，销售技巧主要抽查若干旺旺未成交买家及已经成交买家的聊天记录。

图4-12　抽查考核内容

（4）试卷考核

试卷考核从产品知识、培训掌握情况、操作技巧和工作总结 4 方面进行考核，如图 4-13 所示。对客服人员的工作只是掌握情况和培训后设计考卷或实战考试基于评分，同时定期要求员工提交工作总结。

图4-13　试卷考核内容

案例阅读

下面以销售导购客服人员绩效考核为例，考核实施程序如下。

① 由品牌项目经理在考核期之前，向客服主管发放"客服人员绩效考核表"，由客服主管对客服人员进行评估。

② 考核期结束后的第 3 个工作日，客服主管向运营总监提交"客服人员绩效考核表"。

③ 考核期结束后的第 5 个工作日，客服部完成考核表的统一汇总，并发给客服人员本人进行确认，如有异议由客服部经理进行再确认。确认工作必须在考核期结束后的第 7 个工作日完成。

④ 考核期结束后的第 8 个工作日，客服部完成个人考核表的统计汇总。

⑤ 考核期结束后的第 10 个工作日，将个人考核结果提交人力资源部，再由人力资源部提交财务部门，财务部门依据考核结果按照《销售人员薪酬激励制度》进行薪金发放。

⑥ 如果需要对绩效考核指标和方案进行修订，上报总经办批准后，在考核期结束后的第 15 个工作日，由人力资源部完成修订工作。

"客服人员绩效考核表"如表 4-12、表 4-13、表 4-14 所示。

表 4-12 销售人员绩效考核（工作绩效）

考核项目		考核指标	权重	评价标准	评分
工作绩效	定量指标	销售额完成率	30	考核标准为 100%，每低于 5%，扣除该项 1 分；高于 10%，加 2 分	
		销售增长率	8	与上一月度的销售业绩相比，每增加 5%，加 1 分；负增长超过 20%，扣 1 分，超过 40% 扣 2 分	
		转化率	5	转化率计算方式：成交量÷访问量×100% 转化率低于 1.5%，扣 3 分 转化率低于 1%，扣 2 分 转化率低于 0.5%，分数为 0	
		主推单品	5	主推单品销售比例为 80%（含），不加分 主推单品销售比例为 100% 以上，加 1 分 主推单品销售比例低于 80%，扣 1 分	
		退单率	5	退单率计算方式：退单量÷总订单量×100% 退单率大于 1% 或等于 1%，扣 5 分	
		咨询量	5	咨询量标准为 450 个应答/月 咨询量低于 80%，该项目扣 2 分 咨询量低于 60%，该项目扣 3 分 咨询量低于 30%，该项目扣 5 分	
		交易纠纷	5	如因客服态度导致，一次扣 2 分	
		个人成交量	2	成交量=个人订单量÷总订单量×100% 个人成交率占总订单量 10% 以下，扣 2 分 个人成交率占总订单量 5% 以下，为 0 分 本考核项目百分比依据团队人数不定期调整	

表 4-13　销售人员绩效考核（工作能力）

考核项目	考核内容	权重	评价标准	评分
工作能力	专业知识	5	了解网店产品基本知识 熟悉本行业及本店销售的产品 熟练掌握本岗位所具备的专业知识，但对其他相关知识了解不多 熟练掌握业务知识及其他相关知识	
	沟通能力	5	能较清晰地表达自己的想法 有一定的说服能力 能有效地化解矛盾 能灵活运用多种谈话技巧和他人进行沟通	
	导购能力	3	较弱，无法自如地应对买家对产品的询问 一般，职能应对买家对产品基本情况的咨询 较强，能对买家对产品咨询做出正确解答，并推荐其他产品组合 非常强，能迅速地对买家感兴趣的产品做出正确解答，推荐其他产品组合，并能为买家提供产品相关知识的解答	
	灵活应变能力	2	思想比较保守，应变能力较弱 有一定的灵活应变能力 应变能力较强，能根据客观环境的变化灵活采取相应措施	

表 4-14　销售人员绩效考核（工作绩效）

考核项目	考核内容	权重	评价标准	评分
工作态度	员工出勤率	4	员工月度出勤率达到 100%，得满分；迟到一次扣 1 分（3 次及以内） 月度累计迟到 3 次以上者，该项得分为 0	
	网店礼仪规范	2	如不按照本店规范聊天用语操作，违反一次，扣 2 分	
	责任感	3	工作马虎，不能保质保量地完成工作任务且工作态度不认真 自觉地完成工作任务，但对工作中的失误偶尔会推卸责任 自觉地完成工作任务且对自己的行为负责 除了做好自己的本职工作外，还主动承担公司内部额外的工作	
	服务态度	5	出现一次客户投诉或差评，扣 2 分 旺旺客服聊天记录如出现不礼貌用语，扣 1 分	
	报告提交	4	在规定的时间之内将相关报告交到指定处，加 1 分，否则记 0 分 报告的质量评分为 2 分，达到此标准者，加 1 分，否则记 0 分	
	团队规章制度	4	每违规一次，该项扣 1 分	
	团队协作	3	因个人原因而影响整个团队工作的情况出现一次，扣 3 分	

根据销售人员年度绩效考核的总得分，企业对不同绩效的客服人员进行销售级别与薪资的调整，具体调整方案如表 4-15 所示。

考核得分	薪资调整	销售级别调整
100 分（含）以上	级别工资 + 绩效工资 × 1.2	建议升 2 级
90（含）～90 分	级别工资 + 绩效工资 × 0.9	建议升 1 级或不变
80（含）～90 分	级别工资 + 绩效工资 × 0.8	
60（含）～80 分	级别工资 + 绩效工资 × 0.7	建议不变
50（含）～60 分	级别工资 − 绩效工资 × 0.6	建议降级，给予一定考察期
50 分以下	级别工资 − 绩效工资 × 0.4	建议辞退

4.3.2　客服人员的规范用语

对客服人员来说，最主要的行为规范表现在言语表述上，从接受顾客咨询到结束对话都有通用的规范用语需要客服人员学习和运用，如表 4-16 所示。

表 4-16　客服人员规范用语

类目	问题	回复
开头语	开始受理买家问题之前	您好，我是××网××工号，很高兴为您服务 ××网××工号很高兴为您服务，看中什么款式了吗 欢迎光临××网，我是××工号
确认客服	—	为保证能够随时提供贴心的服务，请××购物时记住客服的名字，方便下次可以直接联系
结束时	—	请问您还有其他需要帮助的吗 谢谢您对××的支持，祝您购物愉快
回复速度	你们的速度太慢了	很抱歉！由于在线人数较多，可能会回复有点慢哦，还请您理解
交接语	交接班的时候（交班人） 接班人	不好意思我马上要下班了，后面将由晚班客服××为您继续服务，对于给您带来的不便，客服××深表歉意，祝您购物愉快 您好！客服××很高兴为您继续服务
规范礼貌	当在线人数过多时 当需要买家稍等时 当买家对××提建议时 当买家对××表示赞赏时 当买家对××的工作表示理解时	现在在线人数比较多，为保证给您提供及时的服务，将由客服××继续为您提供服务，对于给您带来的不便，深表歉意 为确保提供的信息准确无误或更加详细，我需要花一点时间帮您具体查询一下，请您耐心等待，我会以最快的速度回复您的 很抱歉让您久等了，我帮您查询结果是"……" 由衷地感谢您对××的支持，我一定会将您的建议反映给公司相关部门，并予以处理，谢谢 非常感谢您的赞赏哦，××一定会加油的 非常感谢您的理解，××一定会加油的

另外，客服人员应该避免如下 4 种情况。

① 态度冷漠，话语生硬，动作消极。

② 言语措词恶劣或欠妥，攻击或伤害顾客。

③ 知识不够，技能差，服务不到位，给公司造成损失。

④ 对促销活动理解不深，对细节不清楚，对顾客解释不清楚，效率低。

实战训练

1. 以小组为单位，模拟销售人员的业绩考核，注意根据表格进行评分，并按评分进行销售级别和薪酬的调整。

2. 以小组为单位，创设情境，模拟客服人员回答问题。

任务评价

自我评价

主要内容		自我评价等级（在符合的情况下面打"√"）			
		全都做到了	大部分（80%）做到了	基本（60%）做到了	没做到
客服考核内容					
不同情境下客服人员的应对方式					
自我总结	我的优势				
	我的不足				
	我的努力目标				
	我的具体措施				

小组评价

主要内容	小组评价等级（在符合的情况下面打"√"）			
	全都做到了	大部分（80%）做到了	基本（60%）做到了	没做到
客服考核内容				
不同情境下客服人员的应对方式				
建议				

组长签名： 年 月 日

教师评价

主要内容	教师评价等级（在符合的情况下面打"√"）			
	优秀	良好	合格	不合格
客服考核内容				
不同情境下客服人员的应对方式				
评语				

教师签名：　　　　　　　年　　月　　日

项目小结

　　客户服务是电子商务运营管理的核心环节，电子商务店铺和产品在本质上是虚拟的，客服是消费者接触电子商务企业的直接渠道，电子商务客服品质直接决定了客户体验，甚至直接影响企业的到店人数和产品销量。本项目介绍了电子商务客服运作的特点，包括客服的岗位职责和售前、售中、售后的具体工作职责；然后对客服对电子商务运营的推动作用以及客服人员的考核管理和行为规范进行了介绍，并以表格的形式简洁明了地对客服人员在工作中常用的规范用语做了梳理；最后对客服人员的考核进行了详细说明。

05 项目五
营销推广执行和监管

项目导入

网络推广是网络营销的重要组成部分，也是保证网络营销成功的关键。网络营销需要通过网络推广来实现，而网络推广相对独立于网络营销，可以独立操作。本项目将介绍电子商务企业常用的企业营销和推广方法，以及现在最流行的云平台和手机端的推广及营销。

知识目标

- 了解活动推广的概念和类型
- 熟悉软文推广的概念和类型
- 理解 SEO 推广的概念
- 掌握微博和微信营销的基本方法

技能目标

- 能够进行活动推广
- 会使用软文进行推广
- 能够使用微博、微信进行营销

素养目标

- 具备网络营销推广意识
- 具备营销方式的创新意识

任务 5.1　了解电子商务企业营销推广常用方法

掌握活动推广的概念和类型。

理解软文推广的概念和类型。

理解 SEO 推广的概念。

✎ **任务描述**

本任务主要介绍电子商务企业常用的营销推广方法，即活动推广、软文推广和 SEO 推广，并对推广方式的概念和形式做了详细说明。

⚙ **任务实施**

5.1.1　网络推广和网络营销

网络推广和网络营销都可以看成电子商务公司整体运营战略的组成部分，是建立在互联网基础上、借助互联网特性来实现一定运营目的的一种运营手段。两者之间既有联系又有区别，两者的区别大致如下。

① 从目的来说，网络推广重在"推广"，主要是利用各种推广的方式方法，让尽可能多的人了解产品信息；而重在"营销"的网络营销更关注通过推广后产生的经济效益。

② 从投入来说，网络推广相对投入少，较少的人力就能操作，如微博推广，推广人员只要将微博内容发布到相关微博上就可以了；而网络营销的投入比较大，通常需要团队合作来共同完成某项营销活动。

③ 从考核来说，网络推广主要考核具体的工作量，如微博推广需要考核微博的发布完成情况；而网络营销一般考核的是转换率或收益率，如微博营销中，微博发布数量不是重点，重点是这些微博带来的实际经济效益。

④ 从执行来说，网络推广成功的关键是执行力；网络营销则主要依靠创意和策略。

5.1.2　活动推广

活动推广指通过宣传策划和组织各种活动吸引用户参与关注，来达到宣传推广目的的手段。推广活动规模和投入可大可小，适用性强，企业或个人皆适用。网络推广的效果和作用明显，可以提升用户满意度、增加用户黏性，带动业绩与品牌的增长。

策划组织网络活动，依托互联网可以省去很多烦琐的环节，活动可控性高，策划活动要注意：活动回报率要高，活动门槛要低，趣味性要强，活动具有可持续性，多邀请拥有渠道和影响力的合作单位。

活动推广形式多样，根据活动形式，可将常见的网络推广活动分为以下几种类型。

（1）评比类

此类活动在 IT（Information Technology，信息技术）网站及媒体比较常见，如十佳软件、十佳媒体等。对此类企业而言，既增加荣誉感，又提升产品说服力；对媒体而言，此类活动既能提升品牌影响力和权威性，又能创造经济效益。

（2）征集类

通过征集企业或产品名称、宣传语、Logo 设计等活动扩大品牌和企业的知名度和影响力。

（3）游戏类

充满娱乐与趣味性的游戏本身就很吸引人，游戏类的活动同样能吸引人流。

（4）公益类

公益活动最大的效果在于树立企业的正面形象，增加美誉度。如网络募捐、公益培训和公益拍卖等。

（5）注册类

注册类活动最主要的目的就是增加用户注册量，搜集销售线索。常用的方式为有奖、送礼注册。注册后可参与丰厚大奖的抽奖，注册送积分、提高等级等；还有注册送礼活动，如成功介绍朋友注册，即送积分或代金券等。

（6）试用类

试用类活动特别适合产品的推广，特别是新推出的产品推广。在具体操作上一般与相关网站如淘宝、1 号店等合作，因为这些网站通常都有专门的使用中心，借助该网站的人气和渠道来宣传产品，如图 5-1 所示。消费者对试用类活动比较关注，参与的积极性也比较高。

图 5-1　1 号店的试用中心

（7）团购类

很多消费者喜欢网购的原因在于便宜，团购正是这一方式的体现。团购活动对商家来说能够增加知名度、提升销售业绩；对网站来说能增加平台对用户的黏性，还能创收；对消费者来说，可以尽享实惠。

（8）线下交流

除了上述的线上推广活动外，还有传统的线下活动，它是虚拟互联网真正落地的体现。如聚餐、交流沙龙等活动方式，都可以增加用户之间的了解，拉近用户与商家之间的距离，提升用户黏性。

5.1.3 软文推广

顾名思义，软文推广是相对于硬性广告而言的，是由企业的市场策划人员或广告公司的文案人员来负责撰写的"文字广告"。与硬性广告相比，软文之所以叫软文，精妙之处就在于一个"软"字，好似绵里藏针，藏而不露，克敌于无形。等到你发现这是一篇软文的时候，你已经冷不丁地掉入了被精心设计过的"软文广告"陷阱。它追求的是一种春风化雨、润物无声的传播效果。软文应具备一定的见识面，语言驾驭能力以及与进步中的时代语言相贴近。从集中度比较高的佰依软文写手调查来看，很多软文写手是草根写手，他们基本有自己固定的职业，软文写作对他们来说是一种爱好。而草根写手的增多，也给软文提供了十分精彩的内容，毕竟这是个多元化的社会。软文不只要求写手有较强的语言驾驭能力，还要求其有一定的社会阅历。

软文是指通过特定的概念诉求、以摆事实讲道理的方式使消费者走进企业设定的"思维圈"，以强有力的有针对性的心理攻击，迅速实现产品销售的文字或图片模式。

软文的定义有两种，一种是狭义的，另一种是广义的。狭义的定义是指企业花钱在报纸或杂志等宣传载体上刊登的纯文字性的广告。这种定义是早期的一种定义，也就是所谓的付费文字广告。

广义的定义是指企业通过策划在报纸、杂志或网络等宣传载体上刊登的可以提升企业品牌形象和知名度，或可以促进企业销售的一些宣传性、阐释性文章，包括特定的新闻报道、深度文章、付费短文广告和案例分析等。图 5-2 为软文写作和发布需要注意的几个主要要素。

图 5-2　软文写作和发布的主要要素

软文是营销推广很重要的一种方式，不仅因为效果良好，而且更重要的是它是微博营销、微信营销和论坛营销等众多营销手段的基础。

软文撰写时要注意以下几点。

① 标题要有吸引力。让人眼前一亮的标题能快速吸引眼球，让人们有兴趣点击进入查看，它是软文营销成功的基础，但切忌"标题党"。

② 以热门事件和流行词为话题，抓住时事要点构成内容框架。

③ 排版清晰，内容层次明显，利用小标题突出重点。

④ 广告内容自然融入，切勿生搬硬套，令人心生反感。

⑤ 通过关键词、加粗、链接或锚记等形式指向内容。

⑥ 要持之以恒。软文的投放要持之以恒才能见效果，切勿三天打鱼两天晒网。

下面对软文进行分类介绍。

不同的企业，其背景和需求也会不同，这就需要软文的表现形式多种多样。根据传播渠道和受众的不同，软文大体可以分为3类：新闻类软文、行业类软文和用户类软文（即产品软文）。

1. 新闻类软文

新闻类软文是软文发展初期常用的手法，也是最基本的软文形式。此类软文的形态主要以新闻报道为主，如媒体公关稿、新闻通稿或新闻公关稿等。当企业有重大事件、相关活动和新产品发布等动态时，都会以新闻的形式进行预热和曝光。

新闻类软文的写作主要有3种表现形式，即新闻通稿、新闻报道、媒体访谈。

新闻类软文要成功，不仅需要内容和形式，而且要有新闻亮点。通常在企业中容易挖到的新闻亮点有7点，即产品、服务、技术、文化、事件、活动和人物。

2. 行业类软文

行业类软文指面向行业内人群的软文，此类软文的目的一般是扩大行业影响力，奠定行业的品牌地位。企业的行业地位直接影响其核心竞争力，甚至影响最终的用户选择。为了更容易建立知名度和影响力，行业软文可以从以下5点着手。

（1）经验分享

此类软文以传播知识和经验为主，当你分享经验的同时，实际上是在免费为读者灌输知识，帮助他们少走弯路和解决问题。而读者（特别是意见领袖型的读者）采用你的经验分享后，会向身边的朋友、同事等推荐，进而宣传产品或企业，在这个过程中，企业的知名度和影响力自然就建立了。

（2）观点交流

经验类软文以知识服众，那么观点类软文则以思想取胜。不需要太多的经验，有思想、善于思考和总结即可。此类软文通常以独到的见解、缜密的分析和犀利的评论为主，使读者在心理上产生共鸣，继而建立品牌地位和形成影响力。很多行业网站内的专家专栏即属于此类。

（3）权威资料

行业的调查数据、分析报告和趋势研究等资料都是行业的共同需求。有些行业报告千金难求，若有条件进行分析调查、数据研究等工作，或得到一些独家资料，发布一些数据、报告的软文，很容易在行业内建立权威。

（4）人物访谈

针对行业内的名人进行访谈，将访谈内容整理成文章发布，不仅可以调动各方的积极性，而且可以在访谈中积累人脉、媒体资源等。也是现在很多企业的负责人经常接受采访、大量曝光的原因之一，可以用人物树立企业形象。

（5）第三方评论

第三方评论会比自己的宣传显得更具客观性，一般邀请第三方用客观角度评价企业和产品。第三方主要是业内具有一定知名度和影响力的名博、名人，如果条件有限，也可以以第三方的名义撰文发布。评论的内容既可以是正面的，也可以是负面的。

3. 用户类软文

用户类软文指面向终端消费者和产品用户的文章，产品软文就属于此类。此类软文的作用是增加产品在用户中的知名度和影响力，赢得用户好感和信任，引导用户产生消费行为。用户类软文以用户需求为主，具有可读性。

5.1.4　SEO

SEO（Search Engine Optimization，搜索引擎优化）是指通过提高目标网站在搜索引擎中的排名来达到推广的目的。如一个美食类网站，当用户搜索与美食相关的关键词时，该网站可以通过技术手段使网站出现在结果页的前几名中。

介绍 SEO 还需要涉及 SEM（Search Enmine Marketing，搜索引擎营销），它是一种新的网络销售形式。全面而有效地利用搜索引擎来进行网络营销和推广，有较高的性价比，通过较小的投入获得较大的来自搜索引擎的访问量，并产生商业价值。

SEM 的 4 种手段包括 SEO、竞价排名、百度底层营销和站外优化。

SEM 与 SEO 的区别在于，SEO 包含在 SEM 中。由于 SEO 的性价比比较高，效果立竿见影，所以认同度较高，几乎成为必用的网络推广手段之一。SEO 在不断实践中，技术越来越完善。

谈到 SEO，"搜索引擎规则"和"搜索引擎算法"这两个概念很重要，SEO 的从业者认为，只要洞悉了搜索引擎的规则和算法，就可以提升网站在搜索引擎中的排名，从而带来大量流量。

在了解搜索引擎规则前，我们先介绍搜索引擎追求的目标，目标和规则有关。搜索引擎是商业产品，目的就是抢占市场，让用户使用他们的产品、认可他们的产品，爱上并习惯他们的产品，最终达到盈利的目的。

用户爱上搜索引擎的方式就是提供良好的搜索体验，即为用户提供最精准的优质内容，围绕这条核心思想来设计搜索引擎规则和算法，即使不同搜索引擎的规则和算法有差异，核心理念也是相似的。搜索引擎规则和算法就是通过一系列的技术手段，模拟真实用户的评判标准来判断网站内容是否优质。

了解搜索引擎的商业本质和目的后，企业的网站就应该围绕"为用户提供最精准的优质内容"这一核心思想进行优化，围绕用户的感受和需求去建设。那些抱怨搜索引擎不稳定、网站收入下降、排名下降的网站一般都是"为了优化而优化，甚至该企业网站纯粹是建给搜索引擎看的，一切优化调整都是根据搜索引擎的规则而设计的"。这类网站一般没有有价值的内容，质量也较差，偶尔更新的文章还是"伪原创"。这类网站一般容易道听途说，听说搜索引擎对关键词密度有要求，就挖空心思研究网站的关键词密度；一会儿又听说关键词外链能提升排名，就不停地外链。以这种心态和思想做出来的网站，用户会将其归为垃圾一类，搜索引擎为防用户流失，一般不会推荐这种网站，因而企业不能用这种方式做 SEO。

实战训练

根据前面学习的电子商务企业营销推广方法的相关知识，在京东商城中搜集相关营销推广方式的案例，需要收集 3 种以上的推广方法案例。

任务评价

自我评价

主要内容		自我评价等级（在符合的情况下面打"√"）			
		全都做到了	大部分（80%）做到了	基本（60%）做到了	没做到
收集网络推广案例					
自我总结	我的优势				
	我的不足				
	我的努力目标				
	我的具体措施				

小组评价

主要内容	小组评价等级（在符合的情况下面打"√"）			
	全都做到了	大部分（80%）做到了	基本（60%）做到了	没做到
收集网络推广案例				
建议				

组长签名：　　　　　年　　月　　日

教师评价

主要内容	教师评价等级（在符合的情况下面打"√"）			
	优秀	良好	合格	不合格
收集网络推广案例				
评语				

教师签名：　　　　　年　　月　　日

项目五　营销推广执行和监管

111

任务 5.2 基于云平台的推广和营销及手机端应用

5.2.1 全渠道电子商务销售平台——云生意

云生意是商派公司开发的一款针对各种电子商务交易平台的实时监控应用软件,内置多种销售通路和全互联网营销引擎,包含互联网会员中心和多渠道订单处理功能,全面管理在线营销和销售,帮助企业迅速打开市场,真正实现利用互联网全面扩大企业销售。

云生意的产品内容包括以下 5 项。

(1)情报中心

情报中心能显示行业市场数据,分析竞争对手。

(2)指挥中心

指挥中心能可视性分析企业各渠道经营状况。

(3)会员中心

会员中心对各渠道会员资源进行整合,通过智能短信营销,自动分组会员,发放管理优惠券等,如淘宝、天猫和拍拍。

(4)订单处理中心

订单处理中心进行多渠道订单批量打印,快速发货。

(5)营销中心

广告投放资源整合,微博、微信运营。

1. 实时监控

云生意主要对交易动态进行实时监控,如图 5-3 所示。

云生意的交易动态监控界面左上角,专门用于显示该电子商务平台的今日成交订单量和成交金额,可以对今日累计的交易情况一目了然,如图 5-4 所示。

云生意的交易动态监控界面的中心部分,主要显示 24 小时订单量和订单总额实时曲线,以及近

1 小时成交订单量和订单总额，能让监测者了解订单动态，并根据动态及时调整营销策略，如图 5-5 所示。

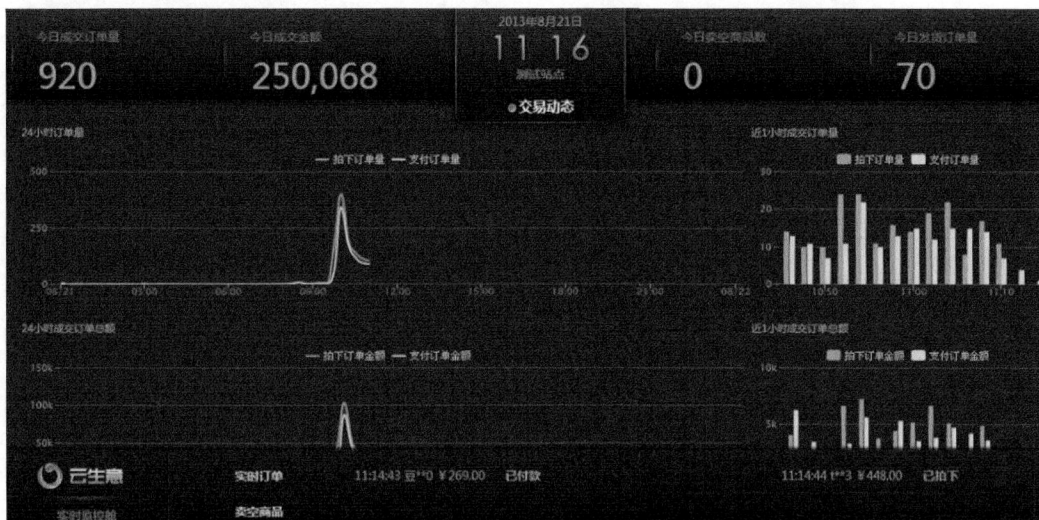

图 5-3　云生意的交易动态监控界面

图 5-4　云生意今日订单量和成交金额

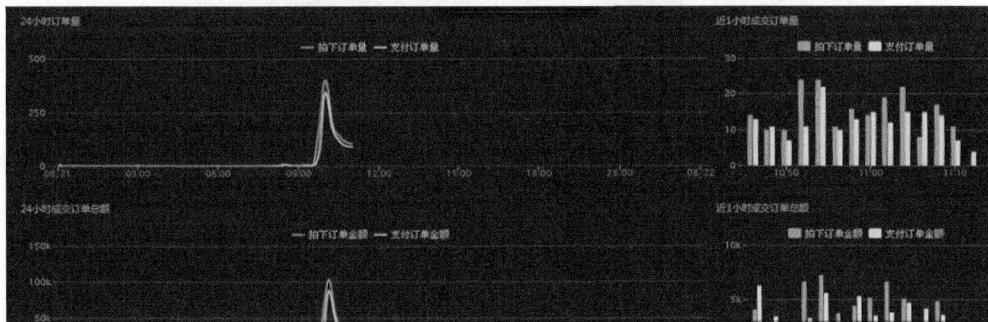

图 5-5　云生意的订单动态

　　在云生意的交易动态监控界面中单击右下角的三角形图标，可以查看订单的完成情况、卖空通知等，商家可以根据销售情况第一时间做出应对，如图 5-6 所示。

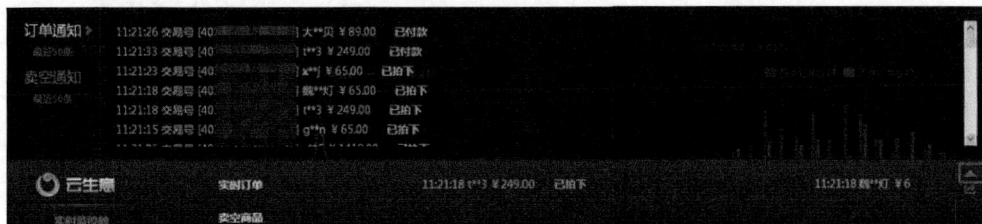

图 5-6　云生意的订单情况

2. 交易日历

商家能够通过交易日历了解某段时间内的交易情况，如图 5-7 所示。

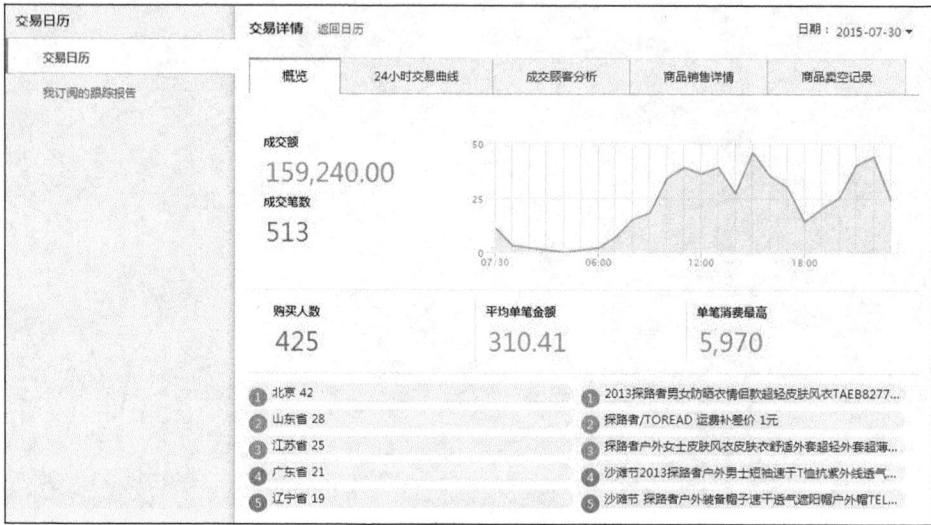

图 5-7　通过交易日历了解交易情况

单击"24 小时交易曲线"选项卡，能清楚了解某天的成交订单量和订单金额，如图 5-8 所示。

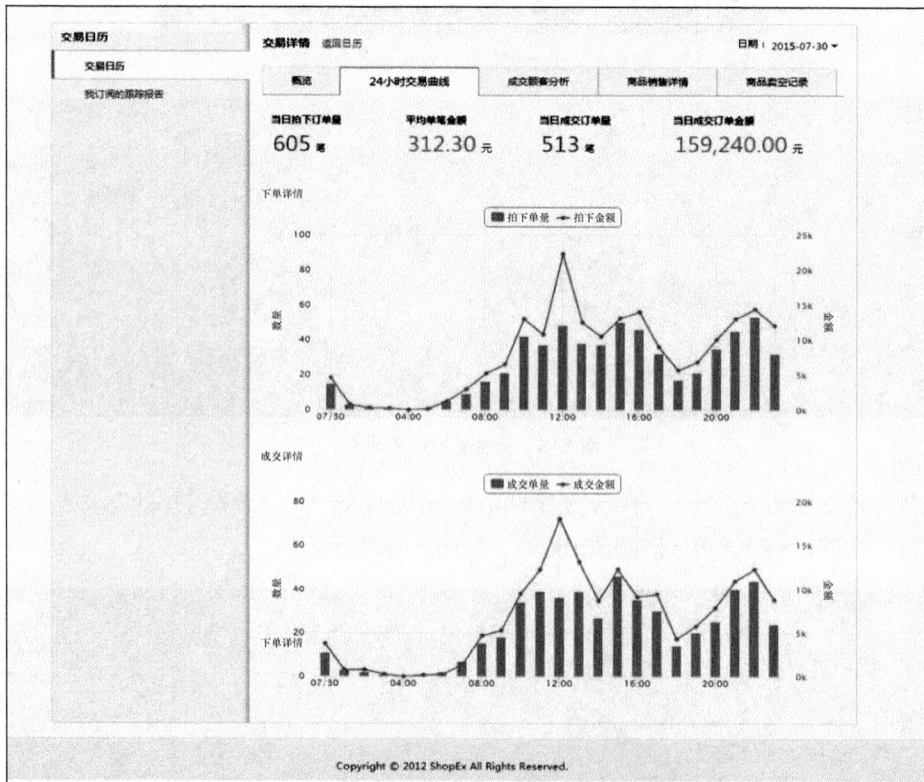

图 5-8　了解某天的成交订单量和订单金额

单击"成交顾客分析"选项卡，则可以了解当天的购买人数、单笔订单金额最高的顾客，以及成交收货地等交易地区情况，如图 5-9 所示。

①

地区销售情况

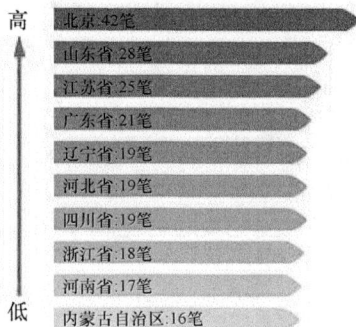

当天成交收货地

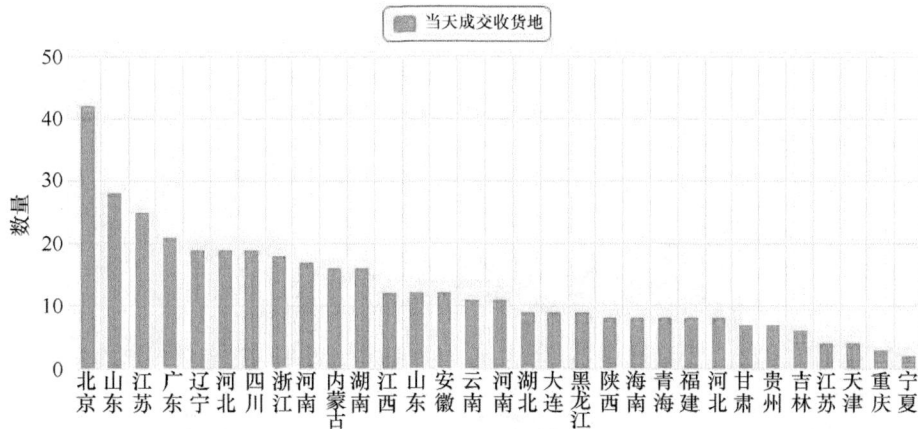

②

图 5-9　了解顾客购买信息

商家也可以订阅跟踪报告，了解某一天交易的详细情况，如图 5-10 所示。

图 5-11 为 2015 年 5 月 3 日的跟踪报告，报告详细描述了 5 月 3 日一整天的成交情况、发货速度，并对交易情况进行跟踪。

交易日历	我的报告			
交易日历	日期	标题	发货目标	操作
我订阅的跟踪报告	2015-05-03	2015年5月3日跟踪报告	3 天	查看 编辑 删除订阅
	2015-05-01	2015年5月1日跟踪报告	3 天	查看 编辑 删除订阅
	2015-04-22	2015年4月22日跟踪报告	3 天	查看 编辑 删除订阅
	2015-04-15	2015年4月15日跟踪报告	3 天	查看 编辑 删除订阅
	2015-04-12	2015年4月12日跟踪报告	3 天	查看 编辑 删除订阅

首页 « 1 » 末页

图 5-10　通过跟踪报告了解交易的详细情况

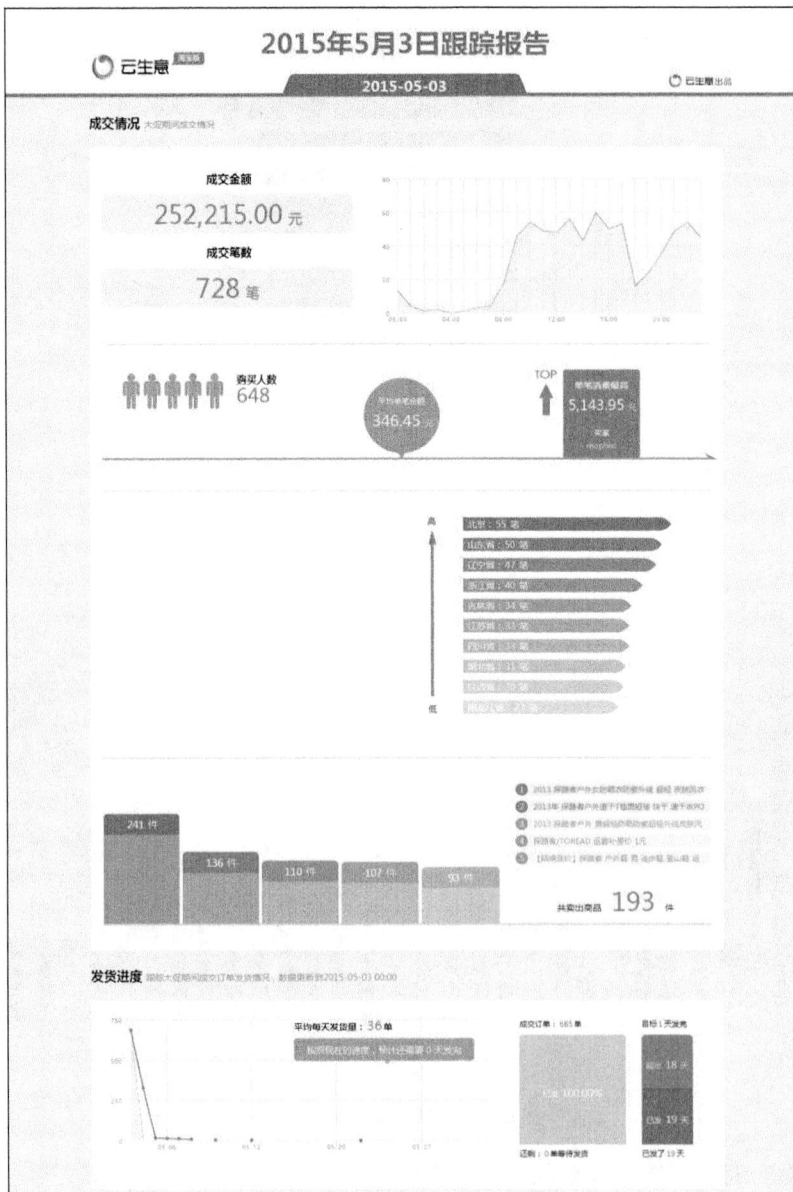

①

图 5-11　跟踪报告

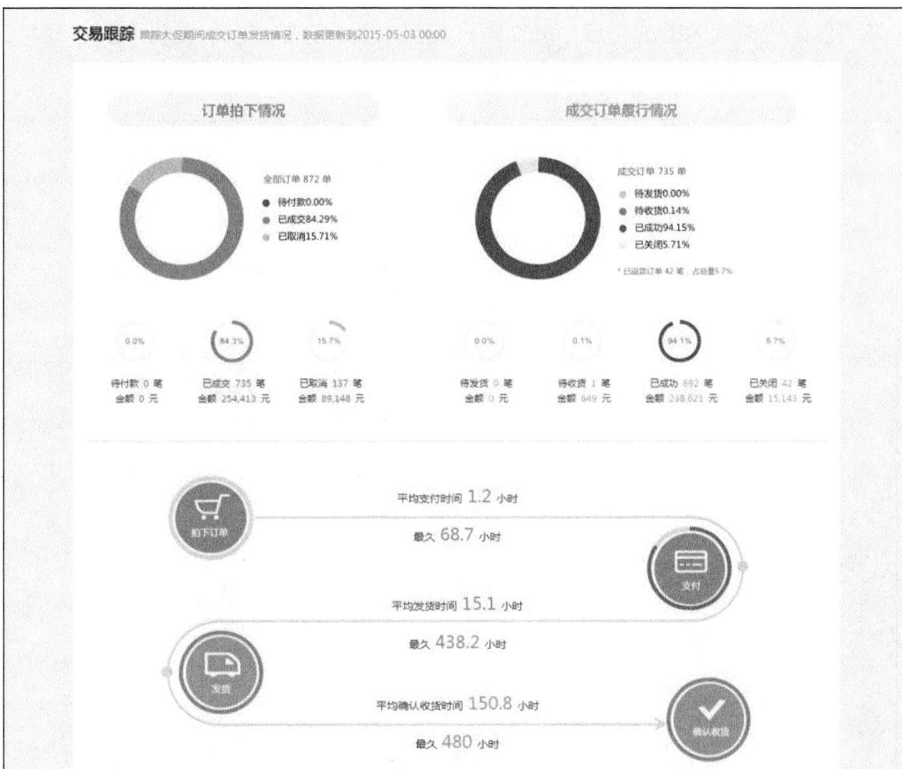

②

图 5-11　跟踪报告（续）

3. 运营统计

运营统计可以对淘宝上某个店铺的交易情况进行综合性分析，如图 5-12 所示。

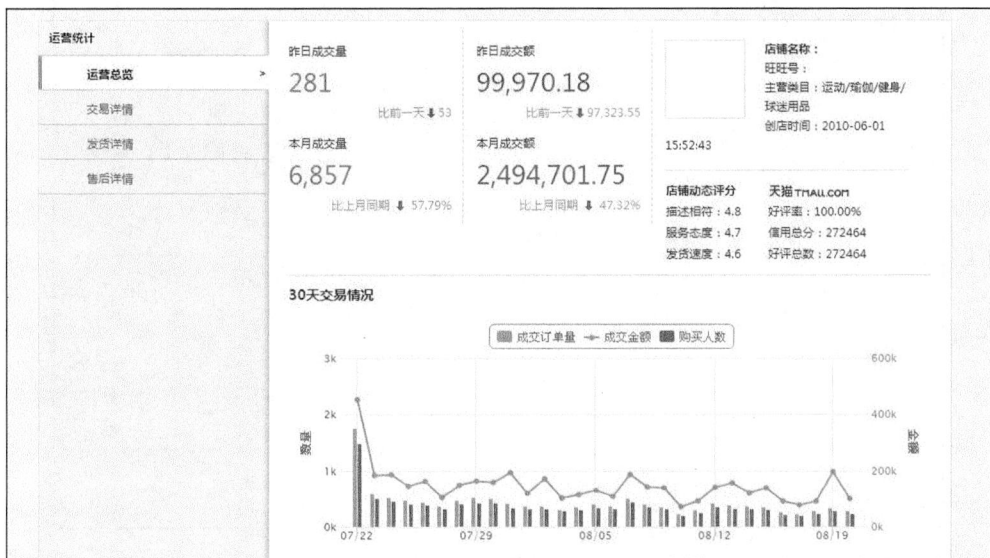

图 5-12　运营统计

另外，还可对某段时间内的成交量、成交额、购买人数、订单情况、发货情况、成功退款订单和金额等进行详细的图文数据分析，如图 5-13 所示。

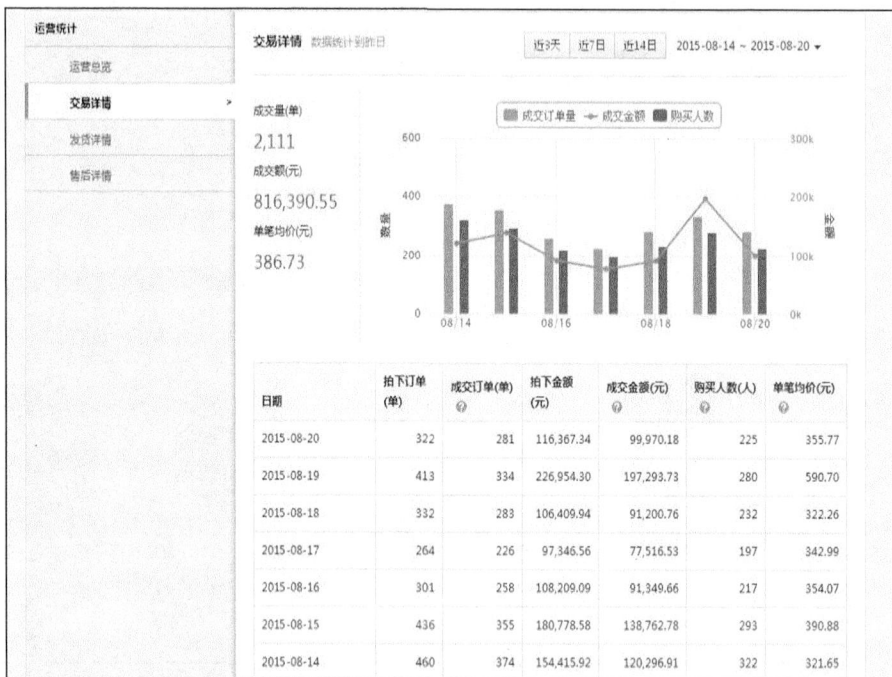

①

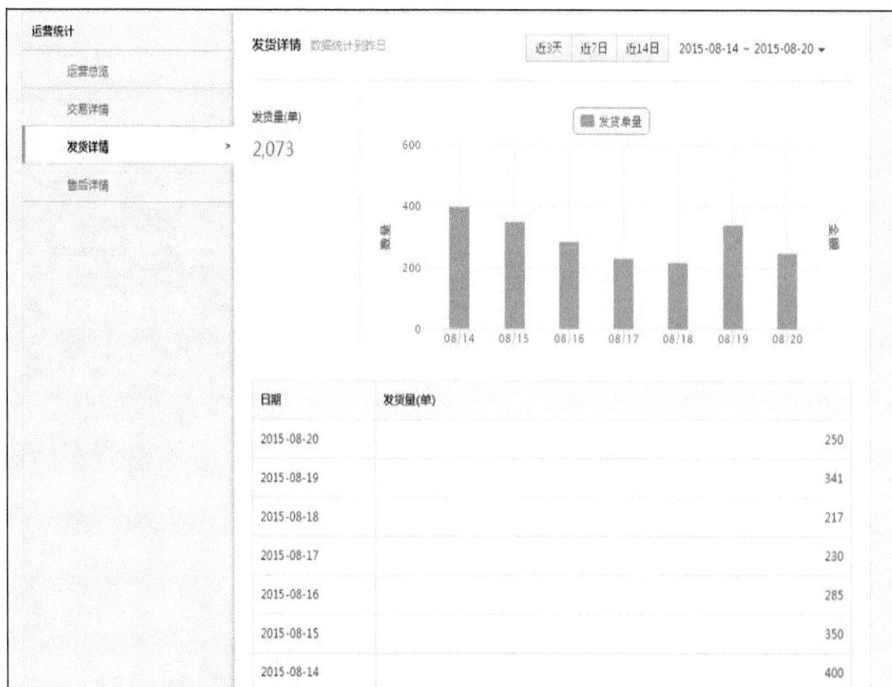

②

图 5-13 查看详细图文数据

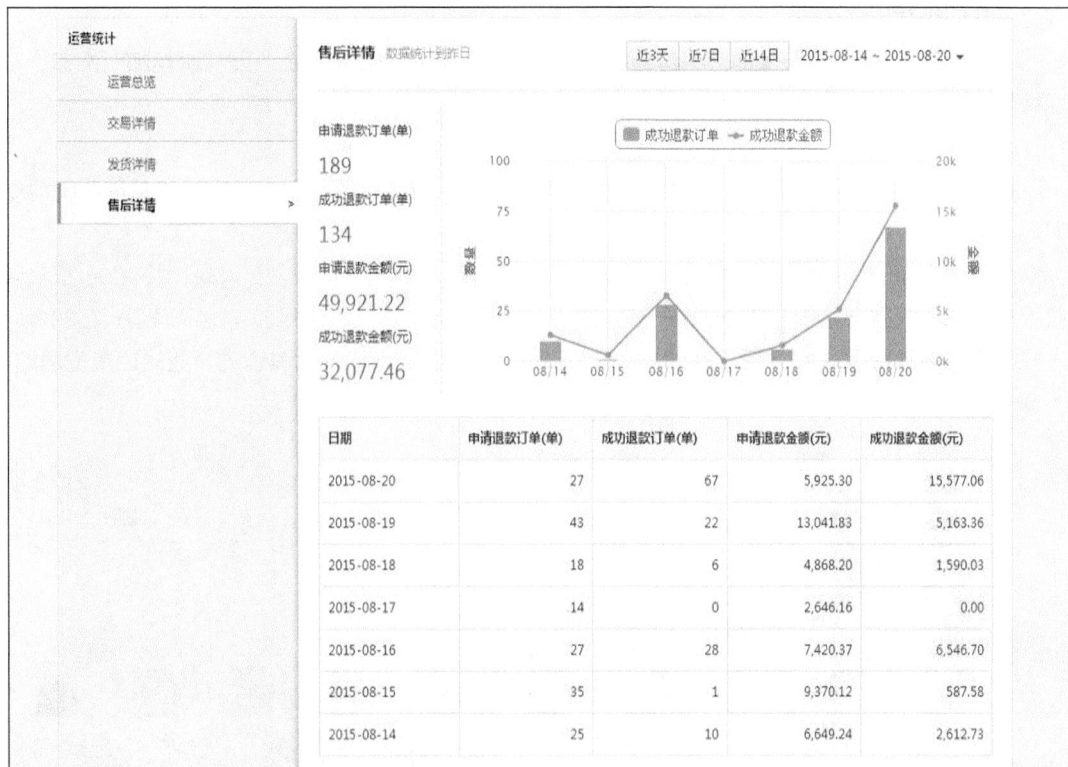

运营统计		售后详情 数据统计到昨日		近3天 近7日 近14日 2015-08-14 ~ 2015-08-20 ▾	

运营总览
交易详情
发货详情
售后详情

申请退款订单(单)
189
成功退款订单(单)
134
申请退款金额(元)
49,921.22
成功退款金额(元)
32,077.46

日期	申请退款订单(单)	成功退款订单(单)	申请退款金额(元)	成功退款金额(元)
2015-08-20	27	67	5,925.30	15,577.06
2015-08-19	43	22	13,041.83	5,163.36
2015-08-18	18	6	4,868.20	1,590.03
2015-08-17	14	0	2,646.16	0.00
2015-08-16	27	28	7,420.37	6,546.70
2015-08-15	35	1	9,370.12	587.58
2015-08-14	25	10	6,649.24	2,612.73

③

图 5-13　查看详细图文数据（续）

5.2.2　新型营销模式

新型营销模式主要包括微博营销和微信营销，下面分别进行介绍。

1. 微博营销

微博是一个基于用户关系信息分享、传播以及获取的平台，用户可以通过 Web、Wap 等各种客户端组建个人社区，以简短的文字更新信息，并实现即时分享。

微博营销指个人或企业通过微博平台，为扩大影响、创造价值而实施的一种营销方式，也可以称为粉丝转发产生量级的媒体传播效应。

（1）微博营销特点

微博营销的特点包括以下几项。

① 立体化。企业可以通过多媒体技术手段，利用文字、图像和视频等形式对产品和服务进行描述，使潜在消费者能全方位直观地了解信息。

② 速度快。互联网传播的最大特点就是速度快，微博更甚。高热度微博在微博平台发布后短时间内通过转发、顶等方式能迅速到达微博世界的各个角落。

③ 便捷性。传统的推广传播需要通过严格的审批，时间、费用耗费较大，微博营销在这方面优于传统推广。企业发布 140 字以内的文字，通过微博小秘书审查即可发布。

④ 广泛性。通过增加粉丝、@等形式进行广泛传播，若能使名人参与传播，则名人效应能使发布

的内容呈几何级数传播。

⑤ 互动性强。企业发布微博后，粉丝在微博下留言、私信或@等，企业能与粉丝即时沟通，及时获得粉丝的意见等反馈信息。

（2）企业微博营销

以新浪微博为例，微博营销可分为企业微博营销、名人微博营销、政府组织微博营销和微博专职营销等。

新浪微博发布的《2015 年微博企业运营白皮书》显示，截至 2015 年 12 月底，共有 96 万家认证企业用户开通新浪微博，覆盖粉丝人数已近 6.6 亿，认证企业的环比增长比 2014 年提升了 30%。微博入驻的企业涉及行业众多，IT/互联网/电子产品、房产家居/装饰和餐饮美食的企业认证量位居前三，如图 5-14 所示。

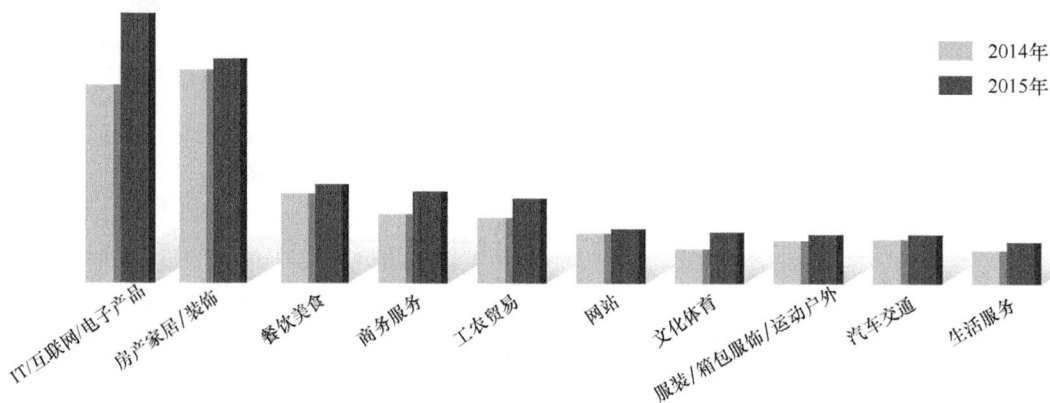

图 5-14　微博企业行业分布

企业博文的阅读量、互动量大幅提升，实现了广泛传播。其中，2015 年认证企业用户博文总阅读量环比上涨 34%，并实现近 20 亿人次的互动，让企业用户博文在微博平台上实现了广泛传播，如图 5-15 所示。

图 5-15　新浪微博企业版的服务商平台

（3）服务商平台

2012 年 12 月，新浪微博推出企业服务商平台，企业可以以微博为营销平台，定期更新微博内容，向听众（或粉丝）等潜在对象传播企业和产品、服务信息，树立良好的形象。

新浪微博企业版的服务商平台分为官方微博运营、活动营销、应用定制、数据分析、培训与咨询

5 部分，如图 5-16 所示。企业要做好微博营销需要注意这 5 个方面。

图 5-16　新浪微博企业版的服务商平台

① 微运营

官方微博运营服务商为企业微博进行形象设计，页面装修，日常内容发布、更新，以及客户关系维护等。官方微博运营服务主要是为企业提供全方位的官方微博运营服务，包括根据企业微博营销目的确定官方微博定位，制定微博营销策略、内容策略、形象策略和互动策略等。

对企业官方微博的运营，可以提升品牌的知名度、品牌的形象，传播企业的促销信息以及配合企业的市场活动等。

案例阅读

以李宁体育用品公司为例，通过李宁官方新浪微博的界面和内容，如图 5-17 所示，可以分析李宁公司对微博运营和管理的内容。

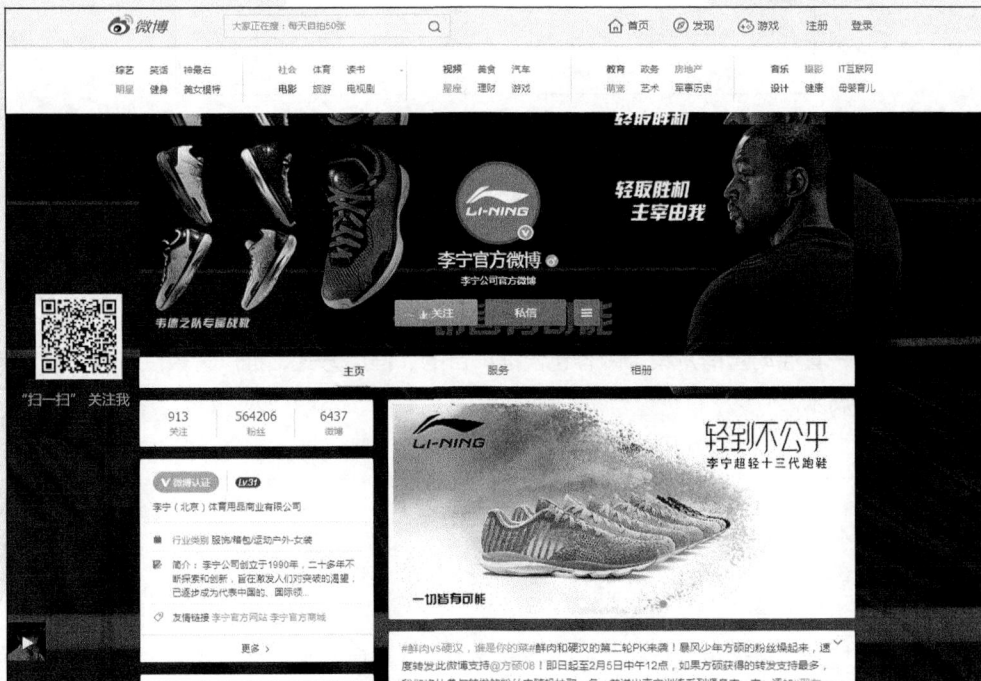

图 5-17　李宁官方微博界面

李宁公司以喜爱运动的年轻人为主要受众，在官方微博的页面装修设计上以当前季节特性为主，彰显运动的不畏严寒，体现"练就更强的自己"这个冬季营销主题。中间的头像是李宁的商标，微博背景图片是李宁公司当季的新款运动鞋和宣传海报。

日常更新、发布的内容无论是结合时事的文字，还是诙谐幽默的图片，都紧紧围绕着李宁公司这个主题，如图 5-18 所示。

①

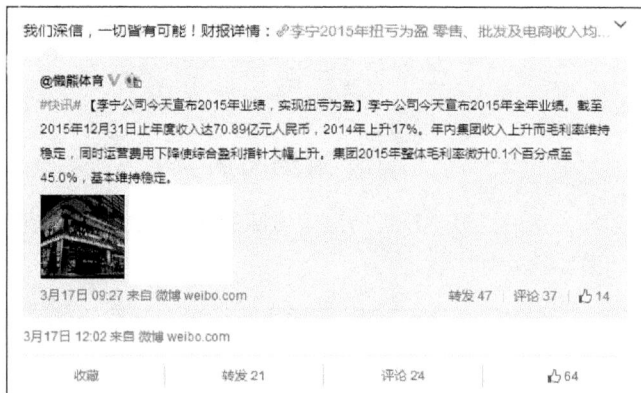

②

图 5-18　李宁官方微博内容

② 活动营销

企业微博活动策划、执行及推广，为企业量身定制微博活动，加速实现营销目标。活动营销主要包括线上产品促销、体验，发起主题活动，激发网友关注、参与并转发等互动。

首先需要制定一套活动营销方案，内容包含推广目的、推广方式、推广背景以及推广流程和最后推广结束后的效果展示。

案例阅读

案例一：针对蓝月亮所做的官方微博运营推广方案

推广目的：与微博用户建立情感联系，从同质化的广告中脱颖而出。

推广方式：微博运营。

微博实战：坚持与普通粉丝互动，一个微博号的关注热度很大程度上取决于普通粉丝关注度，如图 5-19 所示；坚持与名人互动，主动评论新浪微博上名人、意见领袖的微博，力图与之互动，在这些互动中，尽可能地将产品信息融入，如图 5-20 所示；内容大众化、娱乐化和互动化，建立"最萌洗衣 CP"等话题，让话题既与产品结合，又具有娱乐性、互动性，如图 5-21 所示。

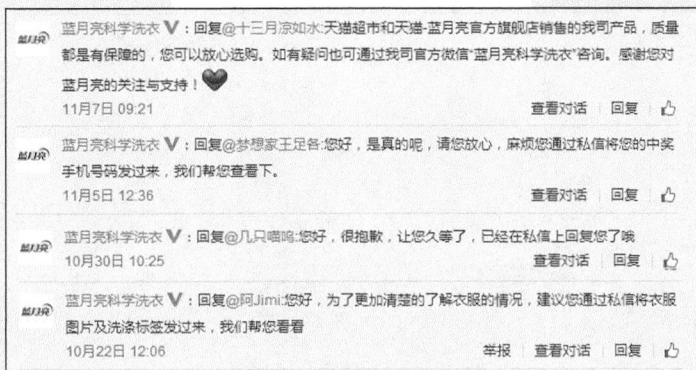

图 5-19　与普通粉丝互动

图 5-20　与名人互动

图 5-21　建立话题

推广效果：互动频繁，被转发次数多，关注度高，品牌口碑良好，借粉丝的关注深度传播，如图 5-22 所示；当品牌不仅仅是某个行业的品牌，而成为微博圈子内的话题时，该品牌则从同质化的品牌中脱颖而出，如图 5-23 所示。

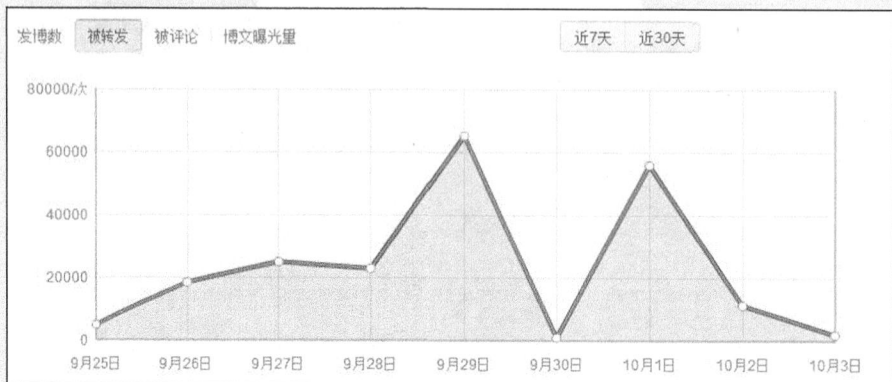

图 5-22　关注和转发效果

图 5-23　微博圈话题

案例阅读

案例二：上海欢乐谷万圣节的微博活动策划

推广目的：宣传欢乐谷万圣节活动，带动线下消费。

推广方式：微博运营，微博炒作。

推广背景：该官微运营服务商提供微博运营和炒作的一体化服务，在万圣节到来前为欢乐谷策划和执行一系列微博推广和日常的微博管理。

微博实战：节日炒作，通过提供免费夜游名额等活动，吸引大批量转发，如图 5-24 所示。分享游客口碑，让游客带动游客。对于旅游景区来讲，通过微博这个营销平台来做游客的口碑营销比任何广告都有效。所以该服务商的推广手段有：促使游客发布更多有利于欢乐谷的好口碑，借此带动粉丝欢乐谷体验，从而促进销售，并带动下一波的口碑传播，如图 5-25 所示。加强粉丝间的互动，充分利用微博的社交属性，促使粉丝前来欢乐谷游玩，如图 5-26 所示。创意炒作，将欢乐谷的快乐极致化，并借助粉丝在微博上扩散，如图 5-27 所示。推广内容聚焦玩乐项目，激发游客玩乐的欲望。欢乐谷微博运营和炒作的目标很明确，就是传递欢乐谷给游客带来的快乐，如图 5-28 所示。

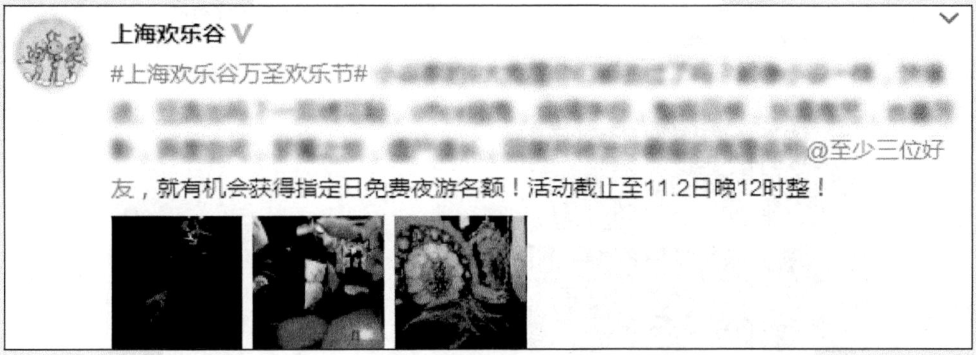

图 5-24 节日炒作活动

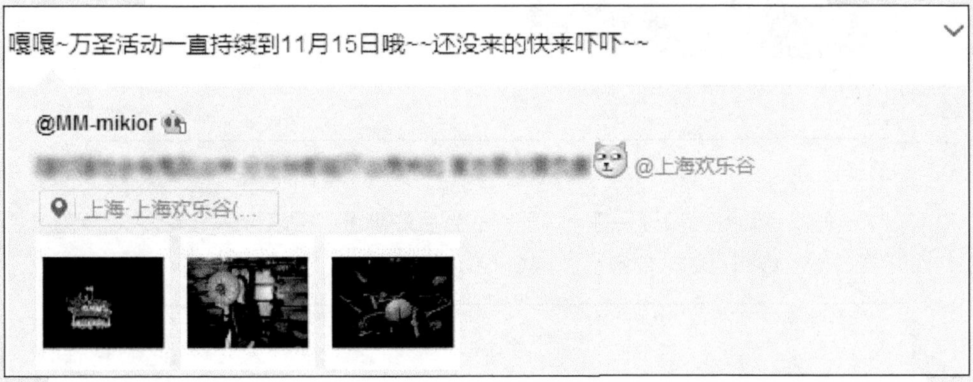

图 5-25 分享游客口碑

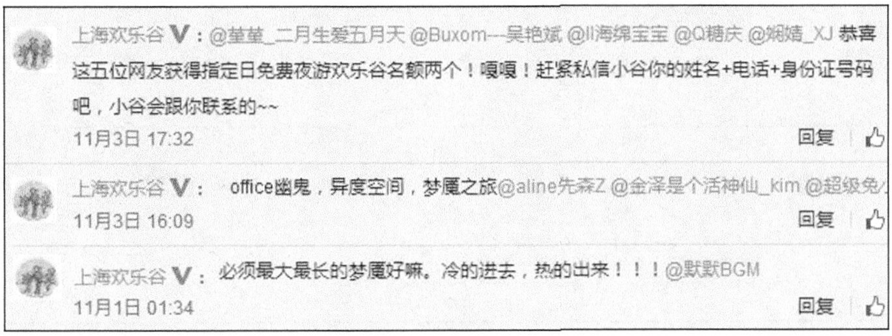

图 5-26 加强游客互动

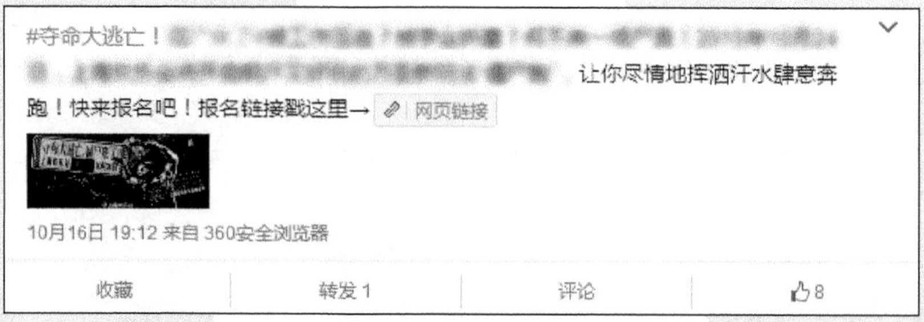
#夺命大逃亡！
让你尽情地挥洒汗水肆意奔跑！快来报名吧！报名链接戳这里→ 网页链接
10月16日 19:12 来自 360安全浏览器
收藏
转发 1
评论
8

图 5-27　创意炒作

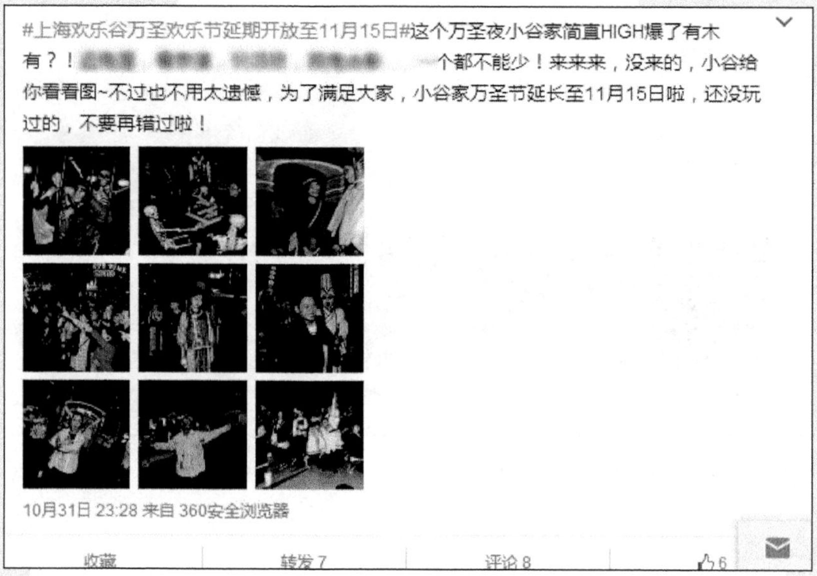
#上海欢乐谷万圣欢乐节延期开放至11月15日#这个万圣夜小谷家简直HIGH爆了有木有？！
一个都不能少！来来来，没来的，小谷给你看看图~不过也不用太遗憾，为了满足大家，小谷家万圣节延长至11月15日啦，还没玩过的，不要再错过啦！
10月31日 23:28 来自 360安全浏览器
收藏
转发 7
评论 8
6

图 5-28　聚焦玩乐

推广效果：有效带动游客口碑传播，欢乐谷的当月最高微博搜索量达 8493 次，如图 5-29 所示；曝光量、粉丝数和互动人群激增，如图 5-30 所示。

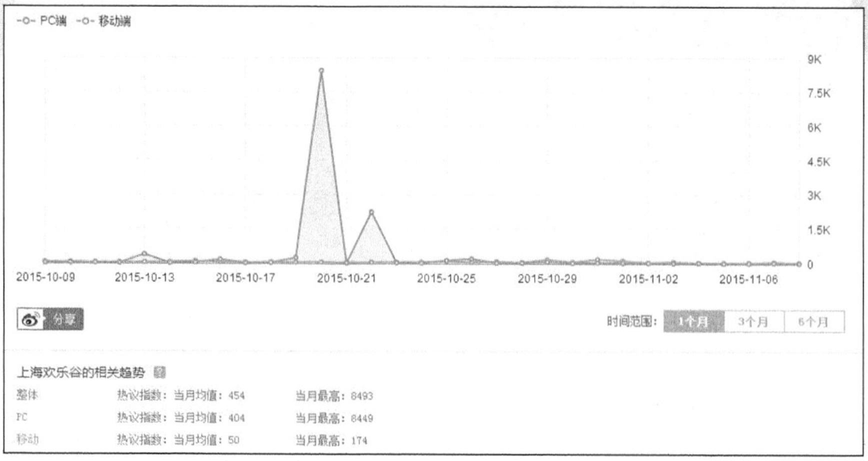
PC端
移动端
9K
7.5K
6K
4.5K
3K
1.5K
0
2015-10-09
2015-10-13
2015-10-17
2015-10-21
2015-10-25
2015-10-29
2015-11-02
2015-11-06
分享
时间范围：
1个月
3个月
6个月
上海欢乐谷的相关趋势
整体　热议指数：当月均值：454　当月最高：8493
PC　热议指数：当月均值：404　当月最高：8449
移动　热议指数：当月均值：50　当月最高：174

图 5-29　微博搜索量

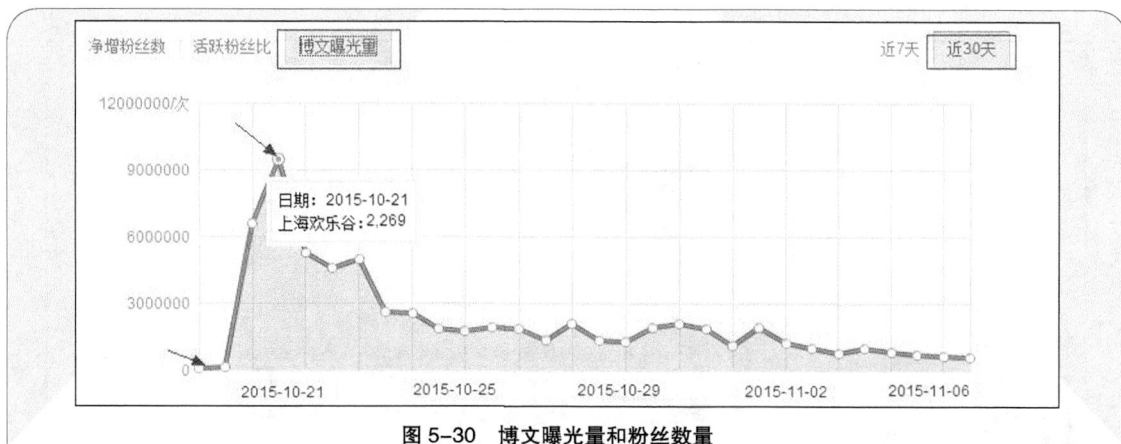

图 5-30　博文曝光量和粉丝数量

③ 应用定制

应用定制是指为企业量身开发定制个性化 APP（应用程序，现在一般指手机软件），满足微博企业客户的更多个性化需求。以 APP 形式呈现，基于社交平台（Web 端或移动终端），可调用好友资源等个人社交信息的应用程序及互动游戏，抓住用户兴趣点，使用户在自己的社交圈内传播，帮助企业实现营销目标。

新浪微博平台接口的对外开放使新浪微博成为一个开放平台。与 SNS（Social Networking Services，社会性网络服务，专指旨在帮助人们建立社会性网络的互联网应用服务）这类闭合式社区相比，微博平台拥有更广泛的用户，信息传播性更强。海量 APP 开发者聚集在微博这个开放的平台上，使其具有了更丰富的功能与应用。

 案例阅读

以海飞丝为例。

媒体平台：新浪微博，定制 APP。

微博亮点：结合品牌定位和品牌动态，丰富品牌形象。

宣传主题：旧爱免费换新欢。

小海一直是海飞丝在社交媒体上塑造的积极向上的形象，海飞丝在业界积累的口碑显而易见，海飞丝在其微博上经常会推出吸引微博用户参与的互动活动，以提高企业及产品的关注度。

目标受众：海飞丝产品用户，使用海飞丝洗发水频率较高的人群。

媒体实战：企业定制 APP 可以打破微博话题线性传播的时间限制，拥有更加丰富和更有趣的互动手段，使用户在与有相同兴趣爱好的朋友交流时，分享更多的信息。服务商开发了一款搭载于海飞丝实力派称为"旧爱免费换新欢"的官方微博 APP，该 APP 是建立在社交关系基础上的应用，通过简单的操作，用户可以在该 APP 上实现参与。如图 5-31 所示，在海飞丝实力派官微上单击"进入"按钮，主界面会出现 APP 操作页面。

①

②

图 5-31　定制 APP

　　在 APP 中单击右侧的双箭头按钮，在主界面中对此次活动进行参与。输入手机号码和验证码后即可获得免费换取海飞丝的新产品。也可以在左下角的分享选项中点赞或者分享到自己的微博，如图 5-32 所示。

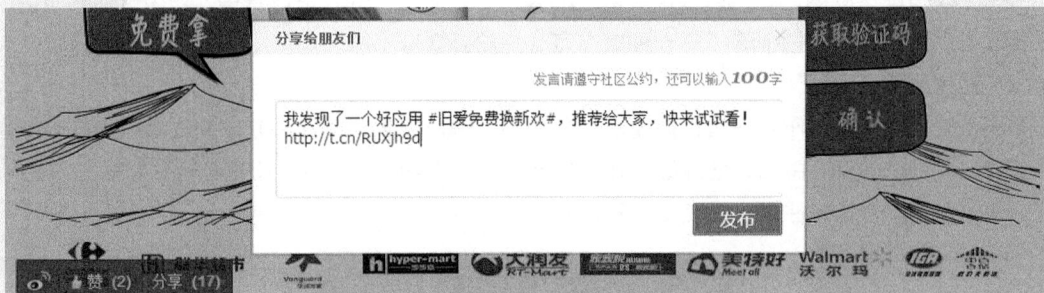

图 5-32 参与活动

④ 数据分析

数据分析可以：为企业提供专业的定制化研究报告、行业研究报告和微博运营数据分析服务，使企业更好地了解账号运营状况，评估运营效果；为企业微博的日常运营、话题传播、阶段性活动传播以及竞争品分析等提供充足的数据支持及多角度分析，使企业的后续传播有所根据。

⑤ 培训与咨询

专业的服务商为企业提供个性化的咨询服务，企业可以全面了解并参与微博运营训练课程。微博咨询包括定位策略、内容策略、互动策略、组织策略和危机策略五大方面的微博营销策略咨询。

2. 微信营销

微信是腾讯公司推出的，提供免费即时通信服务的聊天软件，如图 5-33 所示。用户可以通过手机、平板电脑快速发送语音、视频、图片和文字。微信提供公众平台、朋友圈和消息推送等功能，用户可以通过摇一摇、搜索号码、附近的人、扫二维码方式添加好友和关注公众平台，同时微信可以将内容分享给好友以及将用户看

图 5-33 微信图标

到的精彩内容分享到微信朋友圈。目前，微信几乎支持所有手机操作系统，可以显示简体中文、繁体中文、英文、泰文、印度尼西亚文、越南文和葡萄牙文7种界面。

微信功能繁多，如朋友圈、摇一摇和扫一扫等，为了更好地利用微信做营销，这里详细介绍微信公众号的营销方法及公众号在营销中起到的作用。微信公众平台主要有素材管理、实时交流和消息发送。用户对自己的粉丝分组管理、实时交流都可以在该界面完成。

（1）了解微信公众号

微信公众号主要使用者为名人、政府、媒体和企业等。这些机构和个人可以通过微信渠道将品牌及品牌信息推广给微信用户，这样既减少宣传成本，提高品牌知名度，又能打造有影响力的品牌形象。

即使是路边一家不起眼的小店也能在网页端的微信公众平台上注册，通过基本设置获取身份，这样就有了属于自己的公众号和二维码。店主可以将二维码贴在显眼处，顾客如果扫描，就会获得该店的公众号，可以便捷地通过微信和店家联系，取得店家的联系方式和位置，甚至直接在微信上下单，这样此店就获得了对自己感兴趣的顾客。如果该店有什么活动或有对顾客想说的话，都可以通过微信及时传播出去。

当关注数超过500时，就可以去申请认证的公众号，通过公众号进行营销。一个普通的微信用户可以通过"添加朋友"一栏中的任意一种操作完成企业公众号添加。

（2）关注微信公众号

关注微信公众号的操作方法有扫描公众号二维码、输入关键字搜索和分享朋友圈链接等。关注公众平台需要在手机中打开微信，点击微信页面右上方的"+"符号，展开一个选项栏，如图5-34所示，就可以利用不同的方法关注某个微信公众号。

图5-34 微信界面

（1）输入关键字搜索

以关注京东为例。在展开的微信选项栏中选择"添加朋友"选项，进入"添加朋友"界面，选择"公众号"选项，在"搜索公众号"文本框中输入"京东"，单击"搜索"按钮，即可找到京东的微信公众号，点击该公众号进入详细资料界面，单击"关注"按钮，即可完成关注。在微信通信录中选择"公众号"选项，即可显示关注的所有微信公众号，选择"京东 JD.COM"选项，即可进入京东的微信首页，如图5-35所示。

图 5-35　关注京东微信公众号

让消费者轻松记住商家的微信号并在搜索栏搜索关注，需要商家有一个合适的微信名，很多商家在最初申请公众号时随意取名字，申请成功后过几天再去搜索自己的公众号，结果把自己的账号名称忘了，或有些商家的账号名称与自己的品牌关联度不高，导致消费者因为无法确定账号就是该品牌而选择放弃关注，这种事屡见不鲜。微信公众号的名称在注册成功后是不能修改的，所以商家在最初申请公众号时要选择合适的名称。

（2）扫描公众号二维码

我们经常会在商家门口或柜台上看到二维码，消费者通过扫描二维码成为会员，商家会以消费者首次成为会员即可享受相应的折扣等吸引消费者。消费者通过扫描该公众号二维码，单击"关注"按钮，即可关注该公众号。以添加"阿迪达斯"为例，在展开的微信选项栏中选择"扫一扫"选项，进入扫描二维码模式，将手机摄像头对准二维码，并将其显示在扫描界面中，二维码扫描后，会出现关注界面，单击"关注"按钮，出现确认关注的界面，单击"关注"按钮。消费者完成关注后，企业的促销活动界面会自动出现，企业也可以随时发送促销活动信息；消费者也可以通过公众号的服务选项，选择自己需要的服务，如图 5-36 所示。

消费者若对商家的产品或服务感兴趣，就会扫描商家的二维码，因此商家需要制作合适的二维码，而且要使自己的二维码在消费者经常光顾、容易关注到的地方尽可能多地出现。

图 5-36　关注阿迪达斯公众号

（3）分享朋友圈分享的链接

朋友圈内经常会有自己关注的账号分享的链接，单击链接进入，会有游戏或测试等来吸引注意力，完成游戏或测试后会有添加关注界面，单击"关注"按钮即可。借助朋友圈的分享也是时下比较新颖而且行之有效的推广方式。

① 以测试形式的"趣味测试"为例。若朋友分享了"人格测试"的链接，若感兴趣可单击链接进入，进行测试。进入测试页面后，给出自己相应的答案，选择符合自己的选项。经过一系列问题的回答，即可完成测试，并出现结果和关注界面，关注后，你的测试结果会显示在你的朋友圈内，这样，朋友圈内关注你的其他人也能看到此链接，如图 5-37 所示。

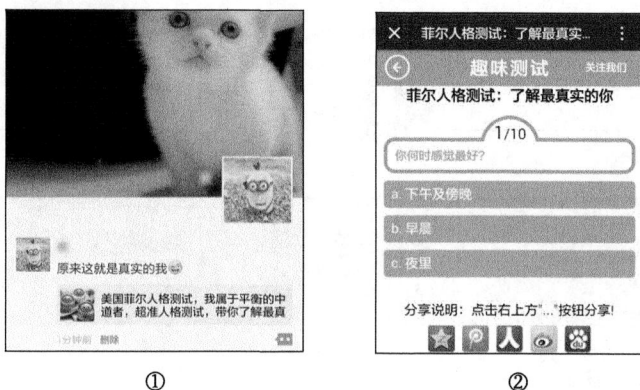

①   ②

图 5-37 趣味测试

② 以游戏形式为例。除了通过链接形式可以分享朋友圈内的信息以外，也可以通过游戏的形式对相应的内容进行推广，以招商银行推出的"坦克大战"为例。该游戏和微信之间可以进行数据互通。当你玩游戏碰到问题的时候，可以求助，发给某个朋友或是到好友圈去询问。这样一来大家都开始玩这个游戏，对这个游戏本身和招商银行就做了推广。首先进入游戏，也可以通过分享推送给朋友，通过微信分享到朋友圈。分享后，该游戏就会显示在自己的朋友圈内，如图 5-38 所示。

①   ②

图 5-38 游戏分享

要吸引朋友圈的好友单击商家分享的链接，商家就要设置吸引人的活动，吸引潜在消费者单击参与活动、转发最后关注商家的微信公众号，这样不仅可以增加关注度，而且可以提高已有好友的黏性。

消费者通过扫描公众号二维码、输入关键字搜索和分享朋友圈链接等任意一种形式关注商家的微信公众号，商家需要通过各种方式进行公众号的运营，持续吸引消费者。

实战训练

1. 根据前面介绍的知识，运用云生意监控某个淘宝店铺某一天的交易情况，并对其进行运营分析，给出新的营销计划。

2. 分组进行模拟测试，每一小组利用微博或微信设计一个企业品牌或一款商品的推广方案。

任务评价

自我评价

主要内容	自我评价等级（在符合的情况下面打"√"）			
	全都做到了	大部分（80%）做到了	基本（60%）做到了	没做到
运用云生意监测某个淘宝店铺一天的交易，请用文字论述该天的交易情况				
了解微博和微信的营销功能				
自我总结	我的优势			
	我的不足			
	我的努力目标			
	我的具体措施			

小组评价

主要内容	小组评价等级（在符合的情况下面打"√"）			
	全都做到了	大部分（80%）做到了	基本（60%）做到了	没做到
运用云生意监测某个淘宝店铺一天的交易，请用文字论述该天的交易情况				
了解微博和微信的营销功能				
建议				

组长签名：　　　　　　年　　月　　日

教师评价

主要内容	教师评价等级（在符合的情况下面打"√"）			
	优秀	良好	合格	不合格
运用云生意监测某个淘宝店铺一天的交易，请用文字论述该天的交易情况				
了解微博和微信的营销功能				
评语				

教师签名：   年   月   日

项目小结

　　互联网突破了地域的限制，增加了电子商务企业的潜在用户，并使这一群体变得十分巨大，抓住这一群体，就能加速企业的成长，为企业带来巨大利益。然而，同样的网络也会增加竞争对手，并让这一个群体也变得十分巨大。如何让巨大的用户群体在巨大的竞争对手中找到自己，就需要电子商务企业重点关注和运营自己的网络营销推广。

　　本项目主要介绍了电子商务企业的网络营销与推广的相关知识，包括网络营销与推广的基础知识，常用的网络营销推广方法，以及现在最新的基于云平台的推广和微信、微博的营销模式。

06 项目六
商业定位及 IT 支持

项目导入

每家企业由于不同的商业背景有不同的商业定位，针对不同的业务，企业对电子商务网站也有不同的需求，常见的电子商务网站类型包括品牌门户型、商品展示型、会员互动型、售后服务型和商品销售型等。通常，企业需要不同的系统解决方案和 IT 支持，来完成企业电子商务网站的计划与构建。本项目将讲解电子商务网站的商业定位及系统解决方案的相关知识。

知识目标

- 了解商业定位的基本含义
- 理解商业销售平台的搭建
- 掌握不同类型的平台解决方案

技能目标

- 能够分析不同销售平台的特点
- 会对销售平台进行商业定位

素养目标

- 具备销售平台分析意识
- 具备商业系统问题分析意识

任务 6.1 商业定位

6.1.1 电子商务企业的定位理论

商业定位是指商业企业自身与同类商业企业（竞争对手）在商业市场上所处的位置，以及该商业企业在整个商业市场上的位置。

1．定位理论简介

商业中的定位理论通常分为 3 个层次，即企业战略层次、营销战略层次和传播战略层次。企业战略层次解决"做什么"的问题，营销战略层次解决"卖什么"的问题，传播战略层次解决"说什么"的问题。

2．定位理论的背景

电子商务企业需要定位理论，主要是基于以下行业背景。

（1）竞争过于激烈

电子商务已经发展到成熟阶段，每一个产品类别都存在大量的竞争对手，只有准确和清晰的定位，才能将企业的产品与其他竞争对手的产品区分开。

（2）产品营销手段层出不穷，信息过量传播

现在的产品营销和推广几乎已经进入人们生活的每一个环节，大量的广告和其他信息充斥于人们的生活。只有对消费者内心的需求有准确把握，并有针对性地进行营销推广，才能吸引消费者的注意力，促成购买行为。

（3）高昂的营销成本

在电子商务竞争激烈的情况下，营销成本也在不断提高，这种情况下，营销的有效性就成了电子商务企业所追求的目标。只有准确地定位目标消费群体、推广渠道和传播信息等，才能节约成本，事半功倍。

（4）电子商务的"马太效应"

"马太效应"是指强者越强，弱者越弱。从理论上讲，电子商务企业可以获得无限的客户，而消费者在电子商务中通常本能地选择最好的服务商，所以，电子商务产业通常会遵循这个规律。在激烈的竞争中，电子商务企业只有做好定位，找到独特的角度，然后集中自己全部的资源优势，使自己成为该产品领域的前几名，才能成为"马太效应"中的强者。

3．定位理论的目标

定位管理决定了企业的发展方向，企业的方向成本又是最大的成本，所以企业开展新业务前首先应该解决的就是定位问题，然后通过定位明确企业的发展方向。定位理论的目标就是要解决如下问题。

① 卖什么产品。即产品的样式、材质、价格和描述文案等。

② 产品卖给谁。即产品的目标消费群体，要了解他们的年龄、性别、教育程度、兴趣爱好、收入水平和消费习惯等。

③ 产品的销售渠道。即在什么地方销售产品，天猫、淘宝、京东商城，或者是自己建立的网站，是否做团购，是否做分销等。

④ 产品的销售策略。即使用什么方法吸引消费者的注意力，并使其愿意购买产品。

6.1.2 电子商务企业的战略定位

电子商务企业的战略定位是企业决策层通过对内外部环境的分析，对企业优势与劣势进行比较，最终得出企业要"做什么"和"怎么做"的结论。战略定位主要包含以下几个方面的内容。

1．目标消费者定位

企业在制订营销方案时所面临的最大问题是把产品卖给"谁"，也就是确定目标消费者群体的问题。企业在确定目标消费群体时，首先要针对所有的客户进行初步判别和确认。

在初步确定目标消费群体时，必须关注企业的战略目标，它包括两个方面的内容：一是寻找企业品牌需要特别针对的具有共同需求和偏好的消费群体；二是寻找能帮助公司获得期望达到的销售收入和利益的群体。通过分析居民可支配收入水平、年龄分布、地域分布和购买类似产品的支出统计，可以将所有的消费者进行初步细分，筛掉因经济能力、地域限制和消费习惯等不可能为企业创造销售收入的消费者，保留可能形成购买力的消费群体，并对可能形成购买力的消费群体进行某种一维分解，分解的标准可以依据年龄层次，也可以依据购买力水平，还可以依据有理可循的消费习惯。

2．产品定位

产品定位主要涉及产品线和价格定位两个方面的问题。

（1）产品线

产品线是指一群相关的产品，这类产品可能功能相似，销售给同一顾客群，经过相同的销售途径，或者在同一价格范围内。如果能够确定产品线的最佳长度，就能为企业带来最大的利润。

① 产品的专注性。在进入市场之前，专注更能强化企业自身的优势。所以，企业在发展前期，应该重点选择市场反映较好、产品优势最大的产品类型。

② 产品的合理布局。产品的库存过多会影响企业的运营；产品品种过多则会增加管理的成本，降

低运营效率；产品品种过少则无法满足消费者的多种需求，降低销售额。所以，对于产品的布局，一定要合理，可以根据不同的定位进行布局，如将产品分为形象款（定价和利润高、销量低，作用是提升产品形象）、利润款（定价合理、毛利较高）、促销款（定价和利润低，作用是吸引顾客购买）、流量款（重点推广、给企业带来大量客户的产品）等类型进行销售。

③ 推新策略。新品发布最容易吸引消费者，网上销售要不断推出新产品来吸引新老买家，产品更新速度快的企业更容易发展固定的消费者群体。推新策略需要各种信息推广手段的支持，如站内短信、电子邮件、旺旺和 QQ 等信息的群发，以及微博关注信息等。

（2）价格定位

关于电子商务企业在产品价格上的定位，需注意以下 3 个方面的问题。

① 优化价格体系。产品价格过高会降低消费者的购买意愿；产品价格过低则会影响销售额，增加推广成本。所以，需要分析消费者的历史购物数据，参考同类竞争对手的产品价格进行产品定价。

② 追求合理的利润。产品必须要产生利润，而且是合理的利润，不合理的利润会导致产品消亡；合理的利润才能延长产品的寿命，持续不断地为企业提供利润。从消费者的角度来说，他们不止关注产品的价格，还有产品的品质，合理的利润才能造就品质和价格平衡的产品。

③ 线上和线下（网上和实体店）的价格差异。现在的消费者已经养成了线上比线下便宜的思维习惯，但对于企业来说，线上价格低了会影响线下渠道的销售，所以需要在两者间找到平衡点。

比较常用的解决线上线下价格差异的策略是形成产品线的差异化，也就是说线上线下的产品通过材质、样式和附加值等的差异化来平衡价格。比如线下的产品多为最新款产品，线上则多为老款产品。

3．销售渠道定位

本书前面的部分已经介绍过电子商务的各种渠道，那如何选择电子商务渠道呢？不同类型的企业对销售渠道的诉求是不同的。渠道对生产商的意义是销量，对经销商的意义是销量和利润，对品牌商的意义则是品牌推广和分销体系。

（1）生产商

这里的生产商是指具备自有品牌的生产商，其核心的竞争力就是产品的生产和设计能力。这类厂商在选择销售渠道时，应该尽量选择管理和运营难度较低的渠道，如果现金流充足，适宜采用以 B2C 分销为主、以淘宝分销为辅的渠道组合。

（2）经销商

经销商的核心竞争力则是拥有一些在线下表现良好、有一定的消费者基础和一定认知度的优秀品牌的授权。但是，经销商面对的最大问题也是这些品牌商对授权和价格的管控，所以，经销商的分销策略取决于品牌商的分销策略。经销商的销售渠道的构架应该以 B2C 分销渠道、淘宝旗舰店模式为主。

（3）品牌商

在构架分销渠道的操作过程中，品牌商通常掌握着主动权，同时也承担着主要的风险。品牌商所面对的主要问题是无法很好地解决线上、线下渠道的冲突。目前常见的解决办法就是以副品牌（指企业在生产多种产品的情况下，在给其所有产品冠以统一品牌的同时，根据每种产品的不同特征为其取一个恰如其分的名称，如苹果的 iPhone 5、iPhone 5S iPhone5C）或新网络品牌运营。品牌商的销售渠道构架应该是大型 B2C 分销、淘宝旗舰店和独立官方网站的组合方式。

4．差异化战略定位

差异化战略定位就是根据产品的不同特质，给产品一个独一无二的差异化特征，给消费者一个购买产品的理由，这也是区别于竞争对手的特点。差异化产量定位主要有以下 4 种方式。

（1）成为第一

为产品找到一个成为第一的事实，或一个可以称为第一的角度，甚至成为第一的愿望，然后勇敢地说出来。

（2）成为专家

把企业塑造成某一领域的专家，更容易让消费者记住，并赢得他们的信任。因为消费者对专注于特定业务和产品的企业通常印象深刻，认为它们具有超出一般的知识和专业技术，更倾向于购买它们的产品。如劲霸服饰的"专注夹克二十年"、麦包包的"您的购包专家"等。

（3）挖掘特色

对消费者来说，无论产品的特性有多少，他们只会认定最显著的特性，并在心目中由该特性衍生很多其他的好处。比如对汽车品牌而言，奔驰的主要特色是乘坐的舒适度，宝马的主要特色是良好的操控和驾驶乐趣，沃尔沃的主要特色是安全等。

（4）成为最新

这里的新不但是指产品的性质，还包括外观、形状和颜色等各个方面，只要有最新的元素，就可能引起消费者的购买欲望。

实战训练

根据本任务的学习，模拟一个电子商务企业，对其产品进行商业定位。

任务评价

自我评价

主要内容	自我评价等级（在符合的情况下面打"√"）			
	全都做到了	大部分（80%）做到了	基本（60%）做到了	没做到
模拟商业定位				
自我总结	我的优势			
	我的不足			
	我的努力目标			
	我的具体措施			

140

小组评价

主要内容	小组评价等级（在符合的情况下面打"√"）			
	全都做到了	大部分（80%）做到了	基本（60%）做到了	没做到
模拟商业定位				
建议				

组长签名：　　　　　　　　年　　　月　　　日

教师评价

主要内容	教师评价等级（在符合的情况下面打"√"）			
	优秀	良好	合格	不合格
模拟商业定位				
评语				

教师签名：　　　　　　　　年　　　月　　　日

任务 6.2　系统解决方案

任务目标

熟悉不同平台的系统构建解决方案。

任务描述

企业需要在网络上促进销售，就要搭建个性化的销售平台，在平台的展现方式、促销模式和业务流程上做到个性化。本任务主要介绍 12 种不同形式的平台搭建服务。

展现方式个性化主要包括首页展示个性化、商品详情展示个性化、品类展示个性化和会员中心展示个性化。

促销模式个性化主要包括基于单品促销个性化、基于订单促销个性化、团购、秒杀、预售和抢购等。

业务流程个性化主要包括交易流程个性化、注册流程个性化、浏览流程个性化和购买流程个性化等。

个性化的平台搭建可以选择"ECshop"这款软件作为工具，其优点主要体现在：具有 B2C 零售销售者购物体验；有利于全面管理，快速搭建在线商城；具有良好的二次开发和部署框架，以及企业级的高安全性和可靠性；具有良好的扩展性、灵活性和可伸缩性等。

6.2.1 单品类零售平台解决方案

品牌型企业、生产型企业和以零售平台为线上核心渠道的企业，这些企业的业务特征主要是商品的品类单一，专注销售某一类产品；单品 SKU（库存量单位，即库存进出计量的基本单元，可以是以件、盒、托盘等为单位）数量少，客户选择面小，有利于精准营销；直接对接生产，备货量足。这些企业通常需要单品类零售平台解决方案。

在商品展示方面的需求主要是 B2C 零售销售者购物体验；全面管理，快速搭建在线商城；良好的二次开发和部署框架；企业级的高安全性和可靠性。

在促销方式方面，首页着重表现品牌，或主打单品；极力展示单品信息；用导航取代搜索等。

在购物体验方面，以"首发""预售"等方式吸引客户；以抢购、秒杀等方式提高转化率；以老客户、忠诚客户为主要营销对象。

在高负载、高并发方面，新品推出或者首发对系统有很高的性能要求；峰值入 PV（页面浏览量，是评价网站流量常用的指标之一）可达到 1000 万，峰值可支持 200 单/秒。

6.2.2 百货零售平台解决方案

百货类、贸易类、快速消费类和食品类等产品，品类多、SKU 多、消费者选择面广、客户重复购买率高，故需要百货零售平台的系统解决方案。

在多品类、多品牌和多频道的首页展示需要展示全品类，展示可以提供的所有服务类型，或按品牌、受众消费者进行区域展示，或按照购买方式进行频道展示。

① 多种搜索方式可以帮消费者快速定位商品。如关键词联想搜索，分类、品牌搜索，渐进式筛选搜索，以及热门关键词导航等。

② 丰富的促销规则可以从快速变化营销策略入手。如基于订单的促销规则，基于单品的促销规则，基于组合商品的促销规则，以及基于积分、优惠券的促销规则。

③ 全程智能商品推荐有利于提高客单价。如单品详情页可进行智能推荐商品，购物车界面可推荐搭售商品。

④ 精准库存控制可防止超卖。品类多、库存可和防止超卖，有利于提高客户体验；下单扣库存、付款扣库存多模式支持；结合仓储管理模块可以提高库存供给精准度。

6.2.3　多语言电商平台解决方案

面对国外市场的外贸型企业、面对全球市场的全球化企业、进入中国市场的外企的特征有：消费者浏览界面多语言化；面对国外市场、国外用户需提供英语或多种语言；根据国外用户的浏览习惯进行购物体验优化；后端运营和管理要符合本地市场的习惯和流程。此类企业就需要多语言电商平台解决方案。

（1）全球化、多语言商品数据展示

面对全球市场，消费者浏览界面需要多种语言；面向全球市场，商品数据需要多语言展示；需要统一的后台管理和维护平台。

（2）后台管理界面多语言化

外企进入国内市场，需要适应国内消费者；消费者浏览界面本地化，符合国内习惯；后台管理及维护界面要多语言化，需要满足不同的人员操作。

6.2.4　移动电商解决方案

随着移动设备的普及，通过移动设备进行浏览、购物和查询的消费者越来越多。移动设备具有随时随地进行交互的便利性，结合硬件 GPS（全球定位系统）定位能力，能够更好地提供精确服务。

（1）触屏版——移动电商

移动电商采用触屏版解决方案时，无须进入 APP 市场进行报备，消费者通过浏览器直接访问其网站；触屏版展示效果无过多限制，可最大化表达品牌和产品价值；传播方便，链接可直接跳转至促销页；可多模板快速切换；多种组件，方便加载。

（2）APP 版——移动电商

移动电商采用 APP 版解决方案时，APP 可直接安装在移动设备中，客户访问率（打开率）高；更容易和硬件交互，如 GPS 定位等；可提供增值服务，帮用户进入 APP 商店，并辅助进行审核。

（3）和 PC 端统一管理

和 PC 端统一管理，共用数据库，共用管理平台；一次发布，多终端展示。

（4）完整的购物体验

具备完整的购物体验，消费者快速交易，如浏览→加入购物车→下单→付款→状态查询。

6.2.5　多渠道销售解决方案

市场在不断开放，提供了越来越多的销售渠道，企业可以将货铺到多个销售渠道，增加商品曝光率，更多地接触消费者，提高销量。

1．全渠道支持

全渠道支持主要有 3 种渠道，即官网销售渠道、第三方直营平台和第三方分销渠道。

① 官网销售渠道，包括零售官网、官方分销平台。

② 第三方直营平台，如淘宝、天猫、京东、亚马逊、当当、1 号店和银泰等。

③ 第三方分销渠道，如天猫供销平台、京东、亚马逊和当当等。

2．全渠道入驻服务

全渠道入驻服务可以为企业提供第三方销售渠道入驻服务，帮助企业节省入驻时间，提高入驻成功率，如图 6-1 所示。

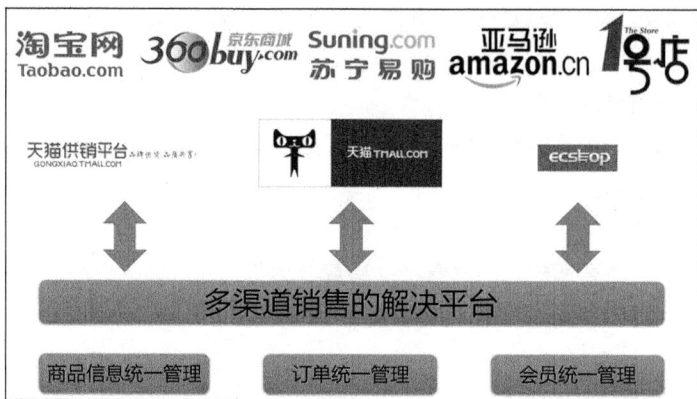

图 6-1　全渠道入驻服务

① 商品信息统一管理，可以提供统一商品发布工具，为企业节省上新成本，降低出错率；可以提供统一的操盘手平台、全渠道掌控定价、库存配比和品类配比等。

② 订单统一处理，可以全渠道订单统一收订，使全渠道订单格式统一化，一套流程解决所有问题。

③ 会员统一运营，可以全渠道会员统一识别，筛选出多接触点客户，并可以全渠道统一客户分析，进行二次营销。

6.2.6　线上分销解决方案

线下生意，以渠道为王；线上运营，也离不开商业本质，想要销售最大化，分销是必要手段。

1．企业类型

线上分销需要首先将企业分为以下两种类型。

（1）生产型企业

该类型企业具备强大的生产和研发能力，但缺少直接面对终端消费者的能力，可以利用线上分销网络，借助下游分销商的运营和营销能力，将货铺到全网，铺到各个消费者的接触点。

（2）贸易型企业

该类型企业可以发挥自身优势，保障充足货源，建设具有竞争力的品牌，并大量发展下游分销商，充分铺货，提高销量。

2．分销平台

线上分销渠道选择很重要，这可能直接影响企业的销量和品牌建设。下面介绍 3 种分销平台，即天猫供销平台、自建官网分销平台和垂直电商平台。

（1）天猫供销平台

该平台聚集着全国最大的分销商群体，拥有全国最大的消费者群体。该平台以代销模式为主，由原厂为消费者直接发货；需要健全的分销商管理体系，以不断监控分销商的服务质量；业务自由度有一定限制，需要符合供销平台的规则。

（2）自建官网分销平台

该类平台业务自由度高，可完全按照企业的业务进行建设；分销商黏度高，可充分执行各种分销商扶持政策；前期宣传、推广和吸引分销商需要较大的成本投入。

（3）垂直电商平台

该类平台商品品类垂直化，消费者目的性强，有利于开展市场活动；供货后，不需要其他投入；有账期，运营自由度低。

3．分销商管理

线上分销还要做好分销商管理。利用分销商管理软件可以做好分销商管理。

（1）分销商招募

利用工具将针对全网的分销商进行汇总、分析，使企业在第一时间甄选与之匹配的分销商。

（2）分销商跟踪

分销商跟踪包括实时跟踪各个分销商的运营状况；根据数据对分销商进行评定、分级；及时对重点分销商进行扶持。

（3）分销商监控

分销商监控包括运用软件全方位监控分销商的运营数据；提早发现分销商的违规操作、服务质量下降、窜货和假货等问题；监控品类占比、价格违规等。

图 6-2 为线上分销解决方案的基本思路。

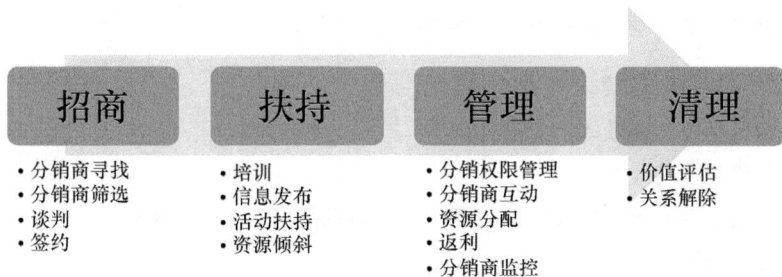

图 6-2　线上分销解决方案的基本思路

6.2.7　供货商入驻（B2B2C）平台解决方案

供货商入驻平台解决方案适用于拥有大量消费者资源，想要把消费者价值最大化的企业。这种企业具有较强的平台运营能力；无供货能力，但可以吸纳大量供货商进驻平台的企业，如图 6-3 所示。

供货商入驻平台具有超强的用户购物体验、方便快捷的供货商操作界面，能提供强大的平台运营工作台。

1．超强的用户购物体验

用户购物体验包括以下 4 点。

（1）多品类、多品牌、多频道首页展示

首页需要展示全品类，展示可以提供的所有服务类型；按品牌或受众消费者进行区域展示；按照购买方式进行频道展示。

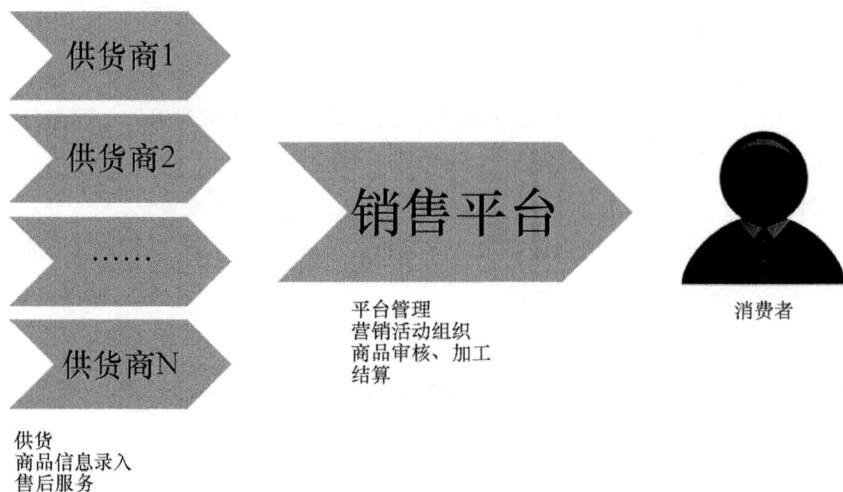

图 6-3 供货商入驻平台解决方案

（2）多种搜索方式，帮消费者快速定位商品

搜索方式主要有关键词联想搜索，分类、品牌搜索，渐进式筛选搜索，以及热门关键词导航等。

（3）丰富的促销规则，快速变化营销策略

促销规则主要有基于订单的促销规则、基于单品的促销规则、基于组合商品的促销规则、基于积分和优惠券的促销规则。

（4）全程智能商品推荐，有利于提高客单价

单品详情业务中智能推荐商品；购物车界面中推荐搭售商品等。

2. 方便快捷的供货商操作界面

操作界面主要包括以下两项内容。

（1）批量商品信息上传

软件提供标准化的商品上传模板，供应商可快速将商品信息上传至平台。

（2）多模式订单处理

可由供货商自行为消费者发货；供货商也可将商品统一入到平台仓库，由平台为消费者服务。

3. 强大的平台运营工作台

平台运营工作台的作用包括以下 4 点。

（1）供货商入驻，权限管理

供货商可方便地提交入驻申请和相关资料，平台对供货商进行严格审查和权限分配。

（2）商品审核，二次加工

对于供货商提交的商品信息，需经过审核；平台运营商可对商品进行二次加工，展现平台价值。

（3）完整的销售过程记录，便于后期结算

完整的单据结构，能够记录交易过程中的资金变化和库存变化；基于单据，可支持多种结算方式。

（4）健全的运营监控体系

丰富的数据报表，可监控运营过程中的所有信息；基于数据，辅助进行运营决策。

6.2.8　线上、线下服务解决方案

线上、线下服务解决方案适用于需要大件运输和上门服务的行业，如大家电、家居和家装等行业；适用于依托线下门店，进行本地化服务，如蛋糕店、小型超市、水果蔬菜配送超市等，如图 6-4 所示。

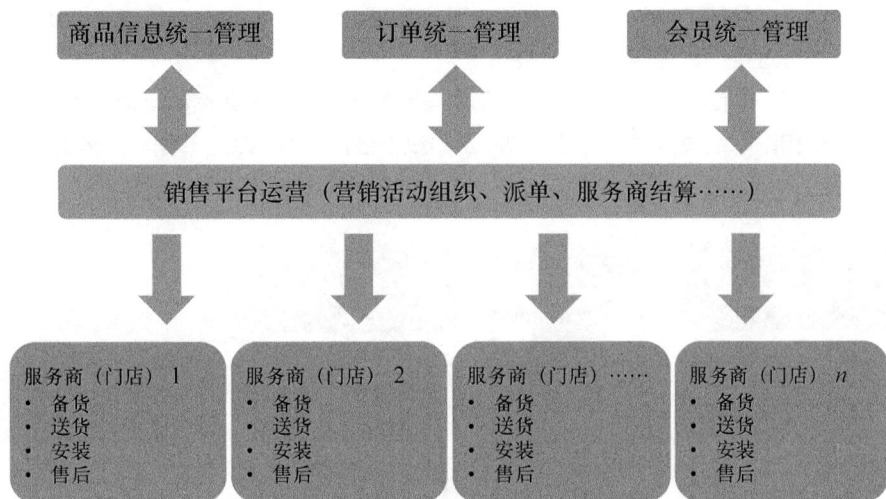

图 6-4　线上、线下服务解决方案

（1）线上销售

企业可通过多种销售渠道进行销售，如第三方销售平台（天猫、淘宝等）、官方销售平台。

（2）线下服务

线下服务包括为线下门店（服务网点）提供终端，接收线上订单和服务工单，并反馈服务状态；订单（工单）可根据规则自动分发到各个门店，如按区域就近配送、按销售品类等；也可和企业已有的工单系统进行集成。

6.2.9　大中型电商仓储解决方案

为什么需要大中型电商仓储方案？因为电商的仓储系统不同于传统线下仓储系统，需要着重考虑发货速度和发货成本；电商仓储管理系统具有强大的"配、拣、发"流程，而对于库存管理，货位管理比较弱；特别是对于某些行业，如食品、化妆品、家具、药品等，冷链、保质期、批次号、库存周转和库存成本支持比较弱。对于需要仓库精细化管理的企业，也难以达到要求。此时，就需要专业的仓储供应商（服务商）进入，帮企业建设高质量的仓储系统。

（1）专业仓储系统接入服务

丰富的伙伴资源可为企业推荐符合需要的专业仓储系统服务商；覆盖快消、食品、大件物流和冷链等多个行业，并能够提供优质的系统集成服务，将电商业务和仓储系统平滑对接。

（2）第三方仓储服务商接入服务

选择非优势和非核心业务进行外包，实现轻量化运营。企业可将所有库存实物管理委托给第三方，由第三方服务商完成仓库建设、出入库管理、库存管理和发货业务。帮企业节省仓库建设费用，节省团队管理费用。

6.2.10 线下系统、电商系统集成解决方案

为什么要做系统集成（对接）？因为线下企业、传统企业进入电商，一般以一个业务部门进入，业务部门不具备独立的财务核算体系，不具备独立的品类管控体系，必须依托总部原有的运营系统；对于某些行业，由于产品特殊，下单后才生产，那么就需要和线下的生产系统进行系统集成；与企业已有的销售平台进行对接，如官网、分销平台。

需要集成（对接）的信息主要有 4 部分：商品与产品库的商品主数据和可销售库存的信息，订单与生产的有效订单和出库结果信息，会员和 CRM 的线上会员信息，以及单据与财务的销售结果信息，如图 6-5 所示。

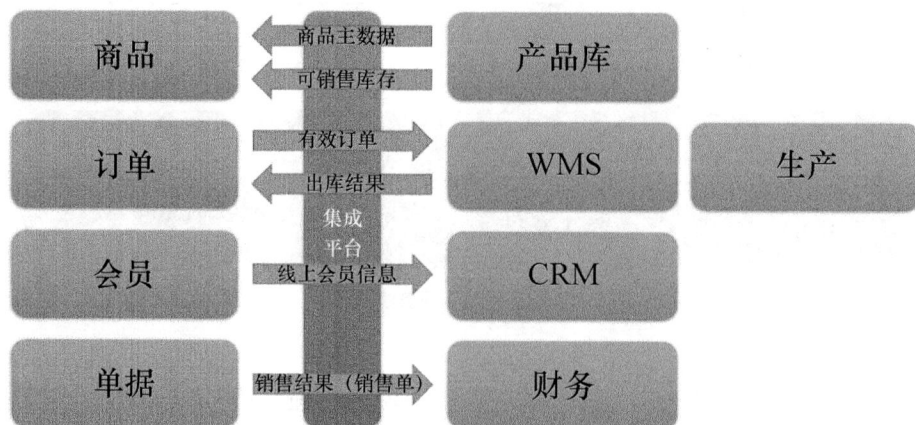

图 6-5 系统集成

① 库存调拨。将库存从总部大仓调到电商仓。

② 采购入库。与线下的采购系统集成。

③ 订单发货。与线下 WMS（仓库管理系统）进行对接，将有效订单推送到 WMS，进行后续发货处理。

④ 服务工单。与线下服务工单系统进行集成，进行服务排期。

⑤ 财务单据。与线下财务系统对接，将电商销售的结果输入到财务系统，进行做账。

⑥ 与线下系统可以进行集成（对接）的系统有金蝶、用友、SAP 和 Oracle 等传统线下 ERP（企业资源计划）管理系统，Manhattan（曼哈顿）、富勒和科箭等仓储系统，其他线下运营系统等。

6.2.11 多门店 O2O 解决方案

在互联网时代，品牌企业或流通企业可能面临的销售困难主要有：在线下，实体门店客流下降，线下销售转化难度增大；在线上，基于图文展示引导线上销售的客户体验很难有明显提升和改善，如图 6-6 所示。

移动互联网发展迅猛，给企业也带来了机会，如图 6-7 所示。

结合移动互联网发展，发挥企业线上线下销售能力的整合效应，是商家寻求突破的焦点，图 6-8 为业务愿景理解图。

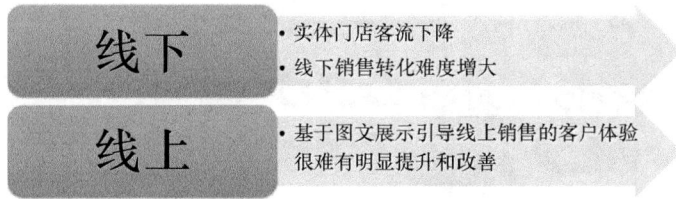

图 6-6　多门店 O2O 解决方案

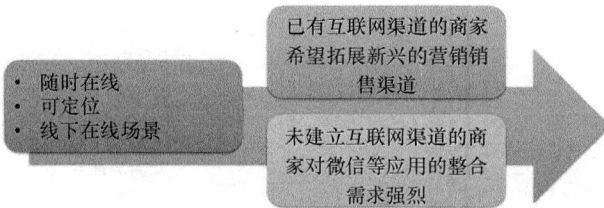

图 6-7　互联网发展带来的机会

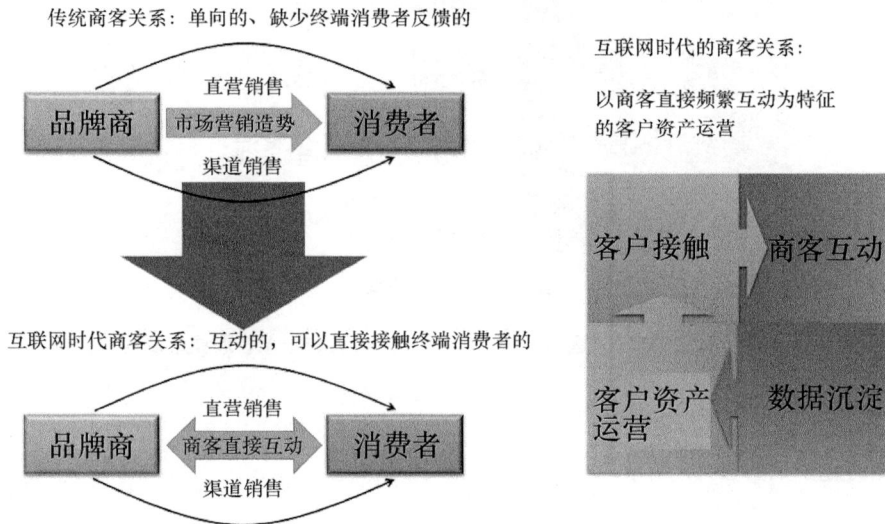

图 6-8　业务愿景理解

（1）O2O 业务理解

O2O，线上线下协同（互为循环的双向协同特征），如图 6-9 所示。

图 6-9　线上线下协同

O2O 业务不是狭义的互联网渠道为实体渠道提供协同交易，而是围绕客户生命周期管理，以商客之间全面的互动接触交易为特征的客户资产运营，如图 6-10 所示。

图 6-10　O2O 业务

（2）O2O 方案核心业务

O2O 方案是针对多门店消费品品牌商的直销业务，提供支撑线上线下双向协同互动，推动客户资产运营的系统解决方案，如图 6-11 所示。

图 6-11　O2O 方案

O2O 方案的价值在于线上线下销售纵横布局、店销网购数据一站采集、商家会员随时灵活互动和网上网下客户轻松运营。

（3）O2O 业务场景

O2O 业务场景如图 6-12 所示。

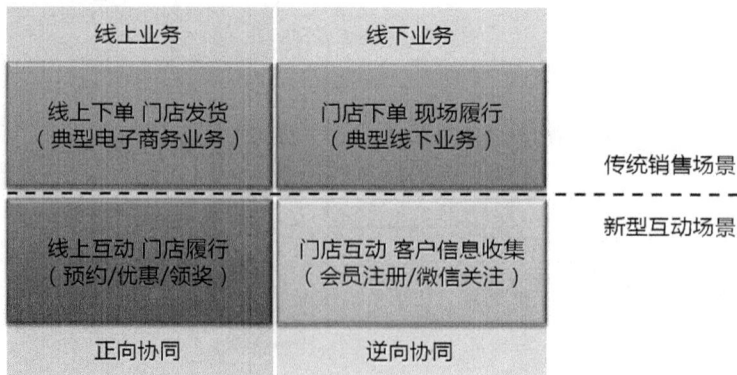

图 6-12　O2O 业务场景

（4）O2O 业务架构

O2O 业务架构如图 6-13 所示。

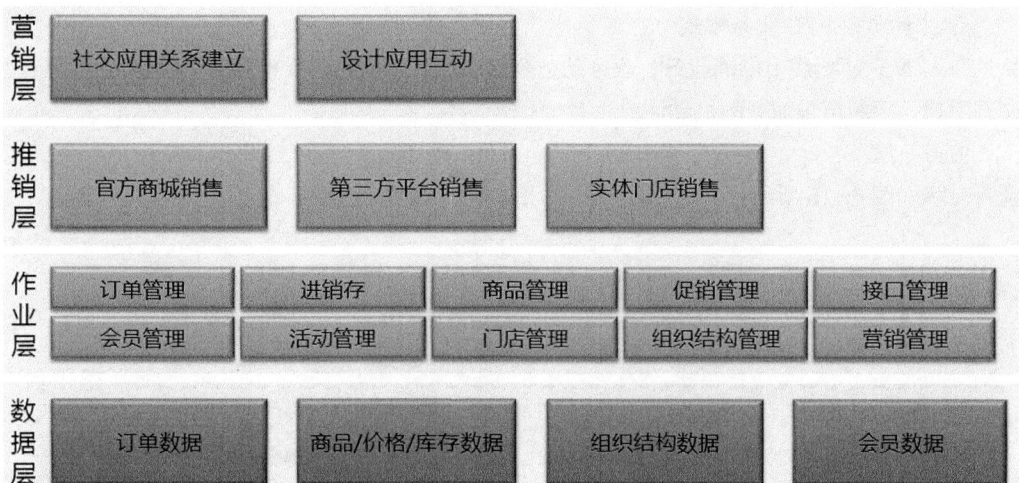

图 6-13 O2O 业务架构

6.2.12 专业市场 B2P2B 线上分销解决方案

专业市场 B2P2B 线上分销业务诉求主要是充分利用互联网平台特性，重构供应商与经销商的关系，提升业务效率，保持专业市场的行业地位。

（1）业务特征

专业市场 B2P2B 的业务特征如下。

① 自建供销对接能力。在具备上下游掌控力的情况下，自建官方供销业务，谋求利益最大化。

② 多平台拓展线上分销商。与有规模的分销平台建立合作关系，借力发力。

③ 供销关系管理。管理上下游商家数据通道，监控业务数据，提供品牌商信息化服务。

④ 专业市场线上分销解决方案。B2P2B 模式能快速融入多家成熟的线上供销业务，辅助自建官方交易，建设以线下市场为驱动力的线上分销业务，如图 6-14 所示。

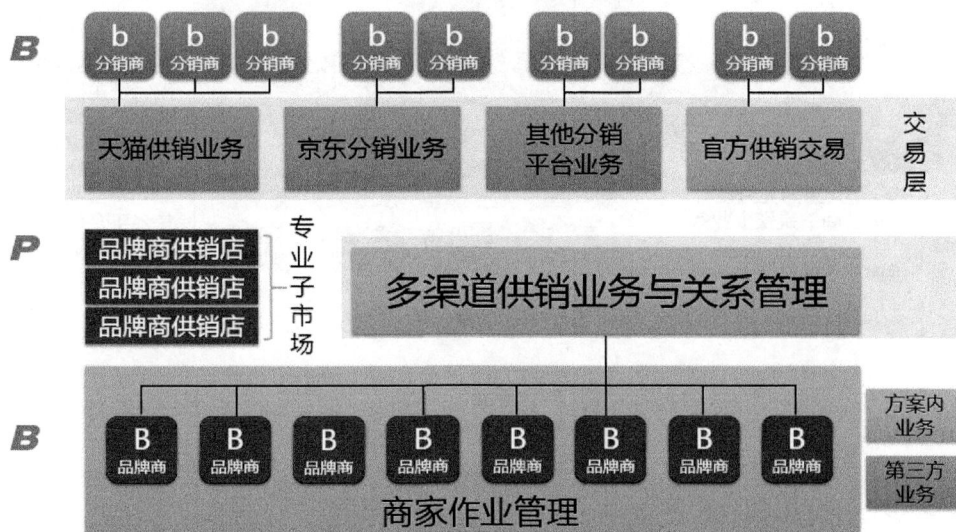

图 6-14 多渠道供销业务与关系管理

（2）专业市场 B2P2B 业务模式

快速融入 N 家成熟线上供销业务，业务动态全景总控，预留对各大平台的扩展融入，以自建官方供销交易为辅，保留自主业务的机动性。

（3）业务分解

业务分解如图 6-15 所示。

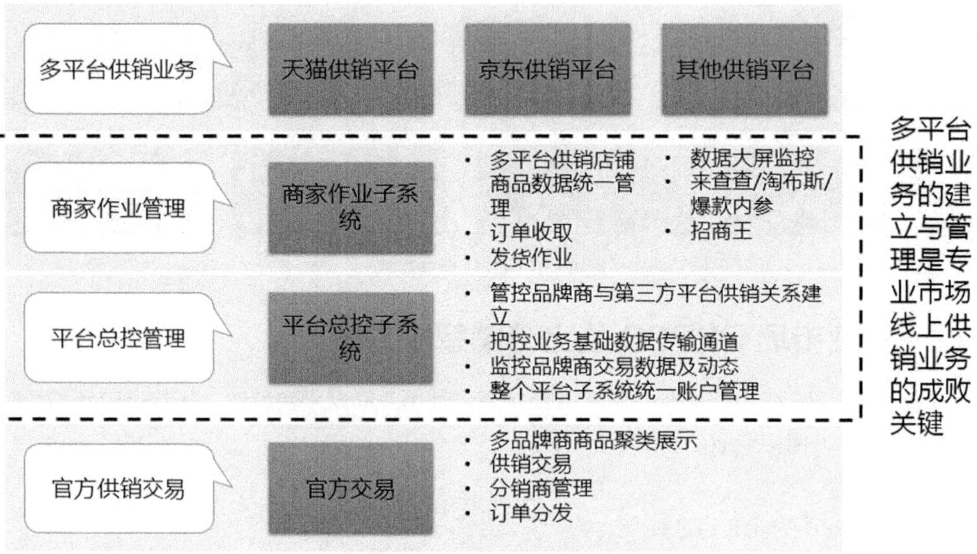

图 6-15　业务分解

（4）方案价值

方案价值如图 6-16 所示。

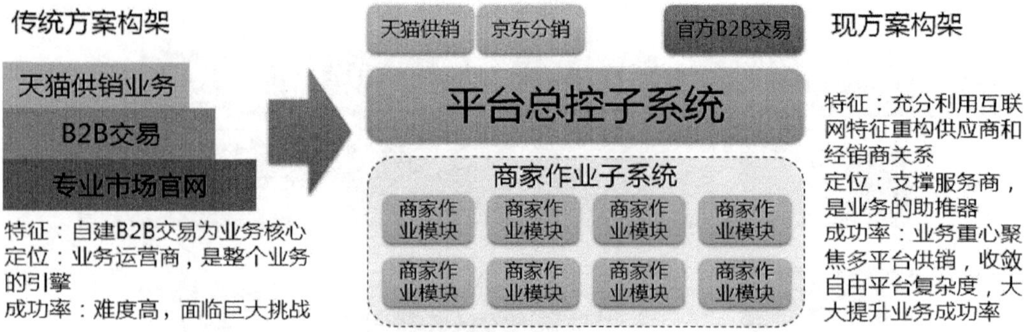

图 6-16　方案价值

实战训练

以小组为单位，设计一份关于电子产品的平台解决方案。

![任务评价]

自我评价

主要内容	自我评价等级（在符合的情况下面打"√"）			
	全都做到了	大部分（80%）做到了	基本（60%）做到了	没做到
熟悉个性化销售平台搭建服务				
理解和区分 12 种平台解决方案				

自我总结	我的优势	
	我的不足	
	我的努力目标	
	我的具体措施	

小组评价

主要内容	小组评价等级（在符合的情况下面打"√"）			
	全都做到了	大部分（80%）做到了	基本（60%）做到了	没做到
熟悉个性化销售平台搭建服务				
理解和区分 12 种平台解决方案				

建议	

组长签名：　　　　　年　　月　　日

教师评价

主要内容	教师评价等级（在符合的情况下面打"√"）			
	优秀	良好	合格	不合格
熟悉个性化销售平台搭建服务				
理解和区分 12 种平台解决方案				

评语	

教师签名：　　　　　年　　月　　日

　　电子商务依靠互联网打破了传统商业渠道所面临的空间限制，理论上无限扩大了客户范围。但与此同时，网络渠道也会带来无限的竞争对手，所以需要电子商务企业重视，并将商业定位在企业运营和管理的核心位置。在做好商业定位的同时，需要IT支持，需要不同的系统解决方案来匹配电子商务企业的不同销售渠道。

　　本项目介绍了企业商业定位、系统解决方案的选择和企业可持续的软件决策，介绍了12种不同形式的平台搭建服务。

07 项目七
仓储物流的决策与实施

项目导入

　　信息流、商流、资金流和物流这"四流"相互协调作用，在电子商务交易过程中发挥着重要作用，以确保交易的实现。作为电子化商务过程的重要环节，物流的作用不言而喻。物流是沟通顾客与商家、原材料供应商和产品生产商的桥梁和纽带，物流配送服务为他们之间的顺利交易提供保障。高效的物流体系确保了电子商务的顺利进行，使电子商务的优势得以充分发挥。

知识目标

- 了解电子商务仓储物流的内容
- 熟悉典型的物流管理模式
- 理解物流外包合作模式
- 掌握国内主流的第三方物流公司

技能目标

- 能够使用物流系统 ERP 平台
- 能分析出企业的物流链

素养目标

- 具备运营管理中的系统意识
- 具备企业运营中的协调意识

任务 7.1 了解电子商务仓储物流

任务目标

了解物流在电子商务中的角色和作用。

了解电子商务仓储物流的组织构架。

掌握典型的物流管理模式。

任务描述

本任务首先通过介绍物流在电子商务中的角色和作用引入对物流的讲解,然后详细介绍了典型的物流管理模式,最后以科捷物流为例,简析了电子商务仓储物流组织架构。

任务实施

7.1.1 物流在电子商务中的角色和作用

1915 年,阿奇·萧在其著作《市场流通中的若干问题》中首先提出了"实物配送"(Physical Distribution)的概念。100 多年的发展,物流的内涵无论在广度还是深度上都有了极大的变化,特别是在物流的认识和管理上。物流指商品在时间和空间上的位移,具体指流通环节中的生产加工、仓储包装和采购配送等。电子商务的发展,对物流的要求也越来越高,建立在现代信息技术和现金管理思想的集成化运作模式的物流体系是现代物流的主流。强调物流、产品和营销之间的互动和联系的供应链管理也逐渐被纳入物流管理体系。故不局限于自身原有范围,而与整个生产流通紧密结合的物流管理,成为现代化管理体系中的重要部分。

物流系统具有重要的作用,物流系统滞后的管理会成为电子商务发展的瓶颈,成为电子商务流通中的难点。传统企业的电子商务化面临着各方面的变革,物流成为继节约原材料、提高劳动生产率之后的又一利润源泉,企业可以通过现代化集约化管理,降低商家的库存甚至实现零库存,以缩短产品运转周期,从而满足电子商务企业的发展需要。

7.1.2 典型的物流管理模式

企业物流管理是企业内部的物品实体流动,在生产运作过程中,从供应、生产、销售以及废弃物回收到运输、储存、装卸搬运、包装、流通加工、配送和信息处理等,是原材料、半成品、成品以及相关信息服务从供应始点到消费终点的流动。在目前国内的物流市场上,各种物流企业层出不穷,经营模式也各不相同。总结其物流管理模式,主要有 4 种:电子商务企业自建物流体系;第三方物流配送方案;物流一体化;物流联盟。这些模式方案各具特色,但无疑都凸显了物流管理创新的主旨。

1. 电子商务企业自建物流体系

这类自建物流体系的模式主要有两类:一类是从制造业分离出来的物流企业参与供应链物流管理;

另一类是从流通企业分离出来的物流部门参与供应链物流管理。在电子商务的发展过程中，一些传统的大型企业集团凭借原有的庞大连锁分销渠道和零售网络，利用电子商务技术构建自身的物流体系，进行物流配送服务。如联想集团、海尔集团和方正集团等采用了第一类物流管理模式，这些企业在传统业务经营中有所积累，实力较强，向电子商务型企业的转型步伐也较为迅速。第二类模式是流通类企业投入大量的精力和资金，从本企业分离出一个部门，专门做垂直一体化物流体系，通过物流来提高企业的竞争力。这种模式在新兴的电子商务类企业中应用较多，典型的如京东商城物流，京东商城通过成立物流公司来解决配送问题，采取自建物流、自建物流+第三方物流、高校代理人等方式布局全国物流体系。该模式需要庞大的物流队伍，仓储设施耗费巨额资金，需要内部加强信息化建设，外部加强供应商管理，与核心供应商建立统一的供应链管理平台，实现外部整合。

2. 第三方物流配送

电子商务平台系统使交易超越了时间、区域的限制，消费者只要在平台上选择自己喜爱的产品或服务，就可以在线下单交易，而根据我国目前的物流系统，绝大部分消费者需要自己承担交易后的物流费用，若跨国交易，那么流通时间更长，迅猛发展的电子商务对物流服务提出了更高的要求，而第三方物流正可以弥补这一不足。第三方物流（TPL，Third Pady Logistics）一般又被称为契约物流，是指从生产到销售的整个流通过程中进行服务的第三方，本身不生产和拥有商品，而是通过合作协议或结成合作联盟，在特定的时间段内按照特定的价格向客户提供个性化的物流代理服务。由于技术先进、配送体系较为完备，第三方物流成为电子商务物流配送的理想方案之一，是社会分工日益明确的产物。除了有实力自建物流体系的大企业之外，更多的中小企业倾向于采用这种"外包"方式。

2009年4月初，美国联合包裹运送服务公司（UPS）获得中国直航权后的首架"UPS中国速递"号货机首飞北京，并专门成立了物流方面的公司UPS Logistics，准备主攻中国国内物流市场。在国内第三方物流中，欲成为物流首席的中国邮政拥有遍布全国的营业网、运输网、投递网及结算网等优势，但这些早期传统业务遗留下来的"硬件"优势并不足以保证能够在国内外现代物流竞争中取得有利地位。故无论是传统邮政部门还是新兴的物流公司，加大物流配送服务的附加值，改善经营理念、管理模式和服务质量等，是电子商务时代开展第三方物流的核心竞争内容。

案例阅读

京东商城的合作模式属于第三方物流的一种典型表现，主要分为FBP、LBP、SOPL和SOP 4种方式。

（1）FBP

京东商城集团为第三方卖家提供在京东上的商品销售、货物仓储与配送及货款收取服务。第三方卖家须向京东商城集团提供增值税专用发票，京东商城集团向客户开具普通零售发票。京东商城集团根据不同类目收取配送费。第三方卖家负责将商品配送到京东商城集团仓库。

（2）LBP

京东商城集团为第三方卖家提供在京东上的商品销售及配送和货款收取服务。第三方卖家须向京东商城集团提供增值税专用发票，京东商城集团向客户开具普通零售发票。京东商城集团根据不同类目收取配送费。第三方卖家负责将商品配送到京东商城集团分拣中心。

（3）SOPL

京东商城集团为第三方卖家提供在京东上的商品销售及配送和货款收取服务。第三方卖家直接给客户开具普通发票。京东商城集团根据不同类目收取配送费。第三方卖家负责将商品配送到京东商城集团分拣中心。

（4）SOP

京东商城集团仅为第三方卖家提供在京东上的商品销售和货款收取服务。第三方卖家直接给客户开具普通发票，商品由第三方卖家自己配送。

京东商城各店铺模式差异如表 7-1 所示。

表 7-1　京东商城各店铺模式差异

合作模式	京东商城集团店铺	京东商城集团交易系统	京东商城集团仓储	京东商城集团配送	客户自提	京东商城集团货到付款	京东商城集团开发票
FBP	√	√	√	√	√	√	√
LBP	√	√		√	√	√	√
SOPL	√	√	√	√	√		
SOP	√	√	√				

3．物流一体化

物流一体化是以物流系统为核心的由生产企业经物流企业、销售企业直至消费者的供应链的整体化和系统化。它是在第三方物流基础上发展起来的新物流模式。在这种模式下，物流企业通过与生产企业建立广泛的代理或买断关系，与销售企业形成较为稳定的契约关系，从而将生产企业的商品或信息进行统一处理后，按部门订单要求配送到店铺。这种模式还表现为用户之间广泛交流供应信息，从而起到调剂余缺、合理利用和共享资源的作用。在电子商务时代，这是一种比较完整的物流配送模式，国内海尔集团的物流配送模式基本上达到了物流一体化模式的标准。

4．物流联盟

物流联盟是指两个或两个以上的经济组织为实现特定的物流目标而采取的长期联合与合作，其目的是实现联盟参与方的"共赢"。物流联盟具有相互依赖、核心专业化及强调合作的特点，是一种介于自营和外包的物流模式，可以降低前两种模式的风险。物流联盟是为了达到比单独从事物流活动更好的效果，而使企业间形成的相互信任、共担风险和共享收益的物流伙伴关系。企业之间不完全采取导致自身利益最大化的行为，也不完全采取导致共同利益最大化的行为，只是在物流方面通过契约形式形成优势互补、要素双向或多向流动的中间组织。联盟是动态的，只要合同结束，双方又变成追求自身利益最大化的单独个体。狭义的物流联盟存在于非物流企业之间，广义的物流联盟包括第三方物流，本文指的是狭义的物流联盟。

7.1.3　电子商务仓储物流组织的架构

在电商的物流组织架构中，电子商务仓储物流组织主要分为 3 个部分，即统筹管理、部门分工和具体结构。以科捷物流为例，统筹管理是一个完整的物流项目团队，统筹仓储管理、客服、IT 管理和核算管理 4 个部门，如图 7-1 所示。

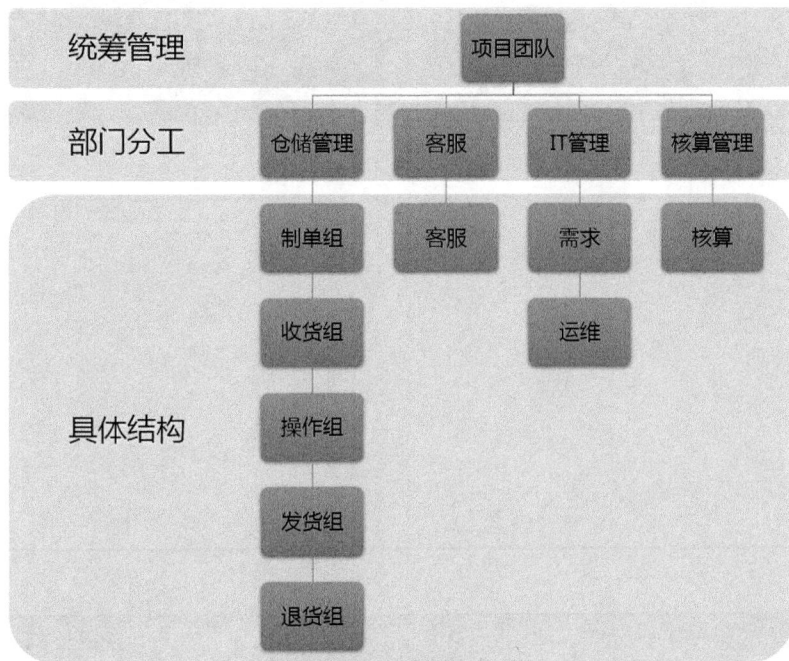

图 7-1 科捷物流组织构架

仓储管理部门主要负责制单、收货和操作；客服部门主要完成客户服务的一系列职责；IT 管理部门负责了解客户需求及日常运营；核算管理部门负责物流的成本核算。

实战训练

分析目前市面上主要的 B2C 电子商务公司的物流模式，并将其制作成一张表格。

任务评价

自我评价

主要内容		自我评价等级（在符合的情况下面打"√"）			
		全都做到了	大部分（80%）做到了	基本（60%）做到了	没做到
分析电子商务公司的物流模式					
自我总结	我的优势				
	我的不足				
	我的努力目标				
	我的具体措施				

小组评价

主要内容	小组评价等级（在符合的情况下面打"√"）			
	全都做到了	大部分（80%）做到了	基本（60%）做到了	没做到
分析电子商务公司的物流模式				
建议				

组长签名：　　　　　　　　年　　月　　日

教师评价

主要内容	教师评价等级（在符合的情况下面打"√"）			
	优秀	良好	合格	不合格
分析电子商务公司的物流模式				
评语				

教师签名：　　　　　　　　年　　月　　日

任务 7.2　了解仓储物流的管理和运营

任务目标

熟悉金库物流关系系统。

熟悉电商物流外包合作方式。

熟悉"四通一达"物流概况。

了解菜鸟、顺丰、科捷物流。

电子商务运营管理

160

7.2.1 常用物流系统 ERP 平台

电子商务企业需要用物流系统管理自己企业的仓储物流，承担 B2C 业务，也有企业选择承担 B2C 业务的仓储服务商，对 B2C 业务进行强大的信息系统管理，如图 7-2 所示。

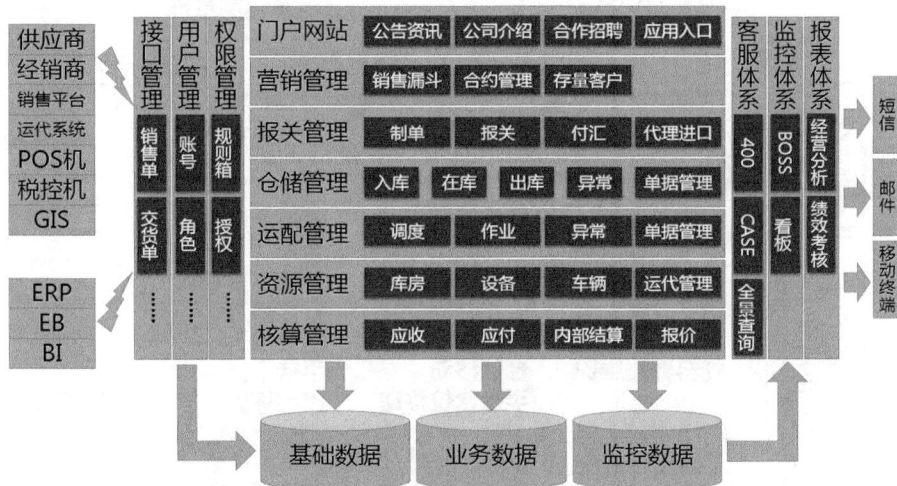

图 7-2　物流信息管理系统

仓储管理通常是通过专业的仓储管理软件进行的，该系统协助企业进行公仓和合同仓库的管理，支持装运整合、配送等仓储延伸作业，可进行多仓共管、虚拟库存管理等供应链职能，细分仓库配置。系统内建结算功能，能协助物流业者为客户提供从仓储、装卸、集装箱场装、配送到结算的集成作业环境。该系统还可以帮助库房操作人员实现高效的出入库操作，提高库存准确性，并提供用于统计分析的报表功能，以及客服人员对投诉和异常的管理模块。

图 7-3 为平台、电商与仓储系统之间的系统数据流程图。淘宝、京东和当当等商城与电子商务服务商之间数据同步，电子商务服务商要将状态、库存等信息回转给商城或平台；电子商务服务商与仓储系统数据同步，仓储系统——金库 WMS 将状态、库存信息回转给电子商务服务商。

金库系统主要分为客户系统和运营商系统，进行用户管理、权限管理和接口管理，运用基础数据进行统计分析。在具体内容上，流程管理可分为入库管理、在库管理和出库管理。下面通过图 7-4 和表 7-2，针对这 3 项管理进行具体阐述。

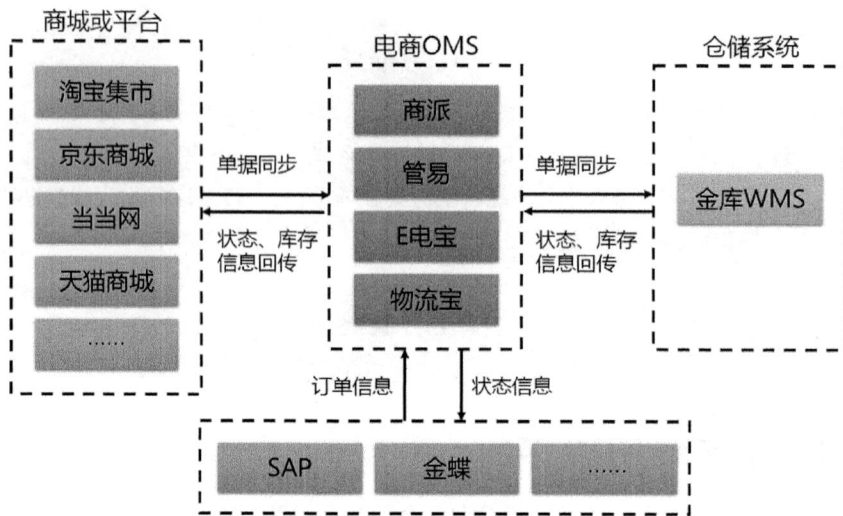

图 7-3　系统数据流程

图 7-4　具体流程管理

表 7-2　功能框架

一级菜单	二级菜单	三级菜单
入库（&I）	到货入库（&A）	
	入库清点（&Q）	
	手持上架（&S）	手持上架确认（&S）
	创建上架单（&C）	手持上架查询（&Q）
	确认上架单（&F）	
	删除上架单（&D）	
	入库维护（&W）	

一级菜单	二级菜单	三级菜单
入库（&I）	维护 PN 与物料号对应关系（&P）	
	维护 SN 和防伪标签（&R）	
	入库称重	
出库（&O）	更改承运商（&M）	
	创建拣货单（&C）	销售发货制单
		其他业务制单
	拣货单分发（&S）	
	发货单拆箱（&F）	
	确认拣货单→单一复核（&F）	
	确认拣货单→批量复核（&G）	
	维护发货单与运单对应关系（&T）	
	维护发货单包材（&P）	
	出库称重（&D）	
	确认交接单	
	补货（&B）	创建补货单（&C）
		确认补货单（&F）
		设置安全库存（&S）
		设置定时补货（&A）
在库（&Z）	库存查询（&W）	
	手持盘点（&D）	
	仓位冻结/解冻（&F）	
	仓位托盘查询（&C）	
	仓位使用情况查询（&S）	
	库内一步转储（&O）	
	库内移动（&M）	
查询（&C）	上架单查询（&S）	
	入库单查询（&R）	
	发货单查询（&F）	
	拣货单查询（&J）	
	手持下架查询（&X）	
	补货单查询（&B）	
	单据状态查询（&D）	
	发货单称重查询（&C）	
	库内转储单查询（&K）	
	发货箱单查询（&B）	

一级菜单	二级菜单	三级菜单
打印（&D）	打印上架单（&S）	
	打印补货单（&B）	
	打印拣货单（&J）	
	打印发货清单（&F）	
	打印运单（&Y）	
	打印交接单（&J）	
	打印发货箱单（&X）	
	打印运单（EMS 背胶）（&P）	
统计分析（&T）	监控（&S）	发货单统计（&T）
		库存保质期预警（&B）
		仓位使用情况查询（&S）
		拣选进度监控（&D）
		拣选件数分布监控（&L）
		跨仓拣选监控（&K）
		包裹交接监控（&G）
		拣货单状态统计（&P）
		发货单状态监控（&Z）
	经营分析（&J）	在库天数统计（&Z）
		出入库频次统计（&P）
	绩效考核（&K）	员工工作量统计（&W）
		仓库工作效率统计（&K）
		备货操作时间统计（&B）
		员工绩效排行榜（&J）
异常投诉（&Y）	异常记录维护（&E）	
	投诉记录维护（&T）	
后台管理（&G）	删除 WM 单据（&D）	
	TO 操作（&N）	创建上架 TO（&U）
		创建下架 TO（&D）
		确认 TO（&T）
		删除 TO（&M）
		查询 TO（&T）
	包材信息维护（&B）	
	清除占用	
	取消合单	
	单据拒回	

一级菜单	二级菜单	三级菜单
打印配置（&P）	运单寄件人信息（&H）	
	运单格式（&Y）	
	发货清单格式（&F）	
	创建拣货单默认打印（&A）	
	打印机设置	
设置（&S）	系统设置（&O）	
	修改个人信息（&I）	
	功能组设置（&G）	
	数据组设置（&D）	
	用户权限设置（&U）	
	员工设置（&E）	
	合单规则设置	
	仓位分配规则设置	
	拣货单创建规则设置	

1. 入库管理

入库管理有一系列的流程，如图 7-5 所示，主要为货物到仓、到库投单、卸货、登记异常、开箱清点、登记异常、货物组盘、手持上架或 PC 上架、通过 ERP 系统与 WMS 系统过账。

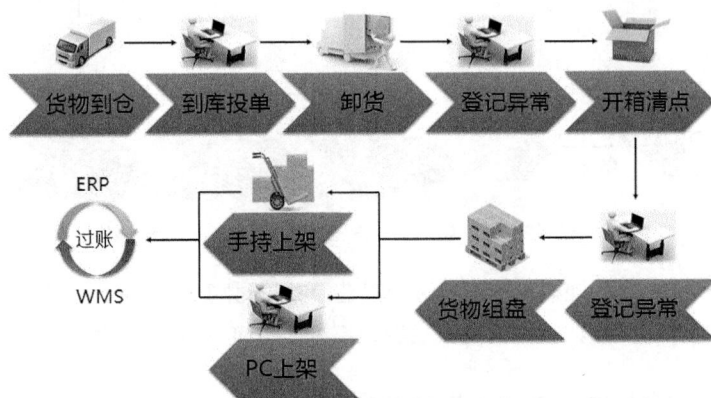

图 7-5　入库管理流程

到货入库的功能在于登记到货时间、生成到货任务号、确认收货完成时间、记录收货过程中的异常。到货清点用于核查入库单数量和实际到货之间的差异，主要功能在于创建清点任务，与入库单号进行关联；扫描箱号，进行记录；清点数量能够与入库单数量进行对比；记录收货过程中的异常。手持上架的优势在于提供便捷的入库方式，提高入库速度，减少人员走动；PC（个人计算机）上架的优势主要在于 PC 端快速上架，对大批量到货有明显优势，并且提供按照物料入库功能，能够快速处理退货入库。

2．在库管理

在库管理包括盘点、转储、库内移动和库位管理。盘点支持对库存的异动盘点、物料盘点和工厂盘点等盘点方式；转储支持对物料的库存地、冻结状态和工厂等属性的改变；库内移动可以快速手持移仓、PC 端移仓和批量导入移仓；库位管理可以对仓位的新增、冻结和查询进行统计，如图7-6 所示。

图 7-6 在库管理

3．出库管理

出库管理有一系列的流程，如图7-7 所示，主要为订单接入、更改承运商、创建拣货单、手持拣货、复核分拣、打包、称重、打印交接单和交接。

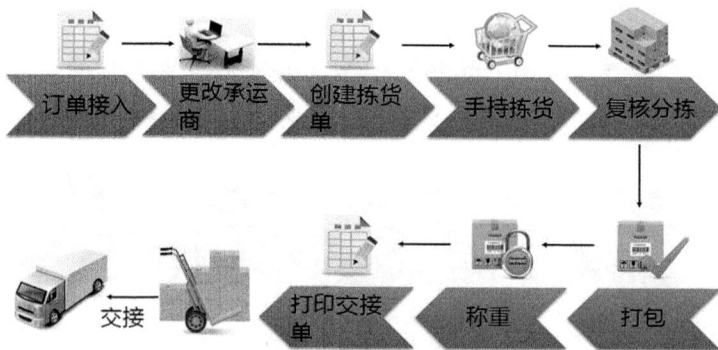

图 7-7 出库管理

更改承运商是按照不同的规则对承运商进行筛选，并且对同一客户的订单进行合单，可以批量修改选择承运商，通过 Excel 由人工筛选完成后导入系统，也可以对同一买家订单进行合并处理。

7.2.2 电商物流外包合作方式与管理模式

电子商务品牌商（如官方商城、第三方旗舰店、B2C 垂直商城和移动互联商城等）针对目标客户，需要构建一整套面向多样化营销界面的电子商务生态体系。故电商物流外包会从当前的国内环境出发，选择有一整套前台多样化、后台标准化的供应链框架的物流公司来进行物流外包合作和管理，如图 7-8 所示。

电商需要物流外包公司根据其业务需要提供综合服务，对物流外包公司分模块的供应链服务体系要求较高。供应链服务体系主要包括电商运营过程中的仓储、配送、资金结算和售后服务中的物流部分等。

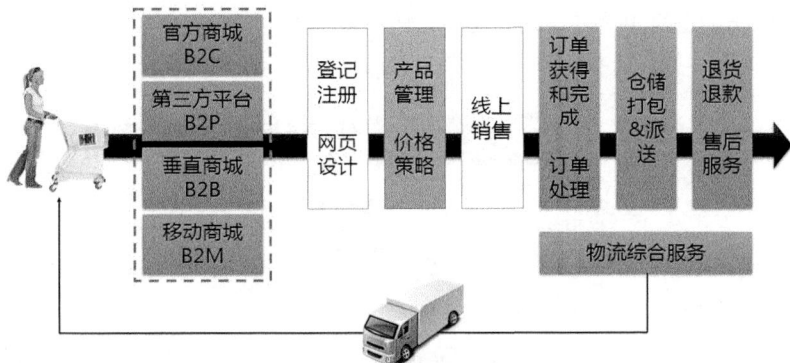

图 7-8　电商物流外包

物流外包公司需要建立从接单到交付的全套管理体系，如图 7-9 所示，建立跨平台的电子商务供应链能力，包括高效的订单处理能力、敏捷的仓内操作流程管理、专业的 B2C 仓储拣选服务能力、灵活的结算和财务机制、全国多地分仓、票货同行的能力等。

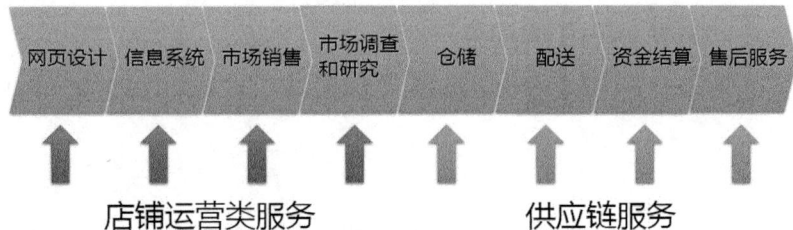

图 7-9　物流外包管理体系

当电商有不同特性的订单需要发运时，就需要物流公司搭建多样化的末端配送交付方案。

在配送资源的运营过程中，物流公司可以与各地宅配公司、各大快递企业形成战略合作，从而使电商有多种快递发件通道，确保配送准时，降低配送成本，如图 7-10 所示。

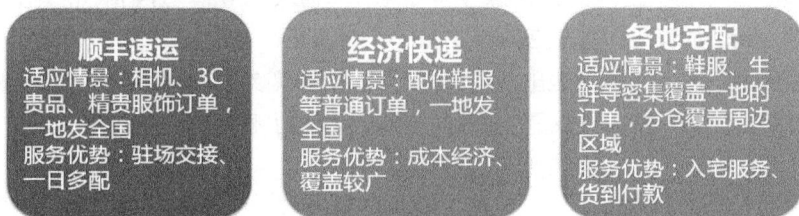

图 7-10　多样化配送方案

案例阅读

以科捷物流的天猫电器城北京、上海物流平台为例。科捷物流是天猫目前最重要的物流合作企业，与天猫的合作主要包括北京、上海的电器城集中仓。北京、上海两大区域合计库房面积 30000 平方米，日均订单量共计 20000 单，经过多年"双十一"的考验；小家电商家通过两地仓分区域就近覆盖客户，分仓均设立本地客服团队就近服务商家；两大分仓统一系统、统一管理。科捷物流根据订单流转流程，实现各环节系统对接，保证订单高速流转，如图 7-11 所示。

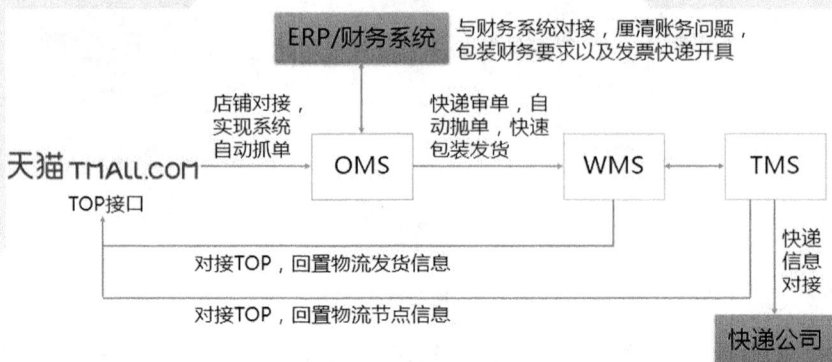

图 7-11　科捷物流

7.2.3　国内主流的第三方物流公司

本项目的第三方物流公司主要是针对电子商务企业而言的，在定义上相对属于狭义的第三方物流公司。

1."四通一达"

"四通一达"是申通快递、圆通速递、中通速递、汇通快运和韵达快递 5 家民营快递公司的合称。2010 年，这 5 家公司总的从业人员近 30 万，年销售额近 300 亿元，占据了中国快递市场总收入的半壁江山。现今，天猫的大部分快递业务在这 5 家快递公司手上。

"四通一达"代表了中国绝大多数民营快递企业，它们以低成本和快速扩张为运作模式特征。它们先从低门槛的江浙沪区域做起，逐步建立覆盖全国的快递网络。网点铺设是物流业发展的重中之重，例如，为了在短时间内尽可能多地建立网点招揽生意，申通从 2002 年开始率先推出加盟授权体制，加盟商只要缴纳一定的加盟费，就可使用申通标识。

"四通一达"在快速发展的同时也出现了一些问题，如延误晚点、快件丢失、投不到位、拒绝验货、物件损坏、不履保险、难以投诉、态度恶劣、野蛮卸货和暴力分拣等。

2.菜鸟

2013 年 5 月 28 日，阿里巴巴集团、银泰集团联合复星集团、富春集团、顺丰集团、"三通一达"（申通、圆通、中通、韵达），以及相关金融机构共同宣布："中国智能物流骨干网"（CSN）项目正式启动，合作各方共同组建的"菜鸟网络科技有限公司"正式成立。"菜鸟"小名字大志向，其目标是通过 5～8 年的努力打造一个开放的社会化物流大平台，在全国任意一个地区做到 24 小时送达。

3.顺丰

顺丰速运有限公司于 1993 年成立，总部设在深圳，是一家主要经营国内、国际快递及相关业务的服务性企业。顺丰业务通达全球 200 多个国家和地区以及国内近 2000 个城市，覆盖全国各省（自治区、直辖市）的所有市县乡（镇）。

顺丰的核心竞争力在于拥有强大自有网络、高效运营速度和优质客户服务，具有服务标准统一、服务质量稳定和安全性能高等显著优点，能最大限度地保障客户利益。

4．科捷物流

科捷集团成立于 2003 年，是神州数码的全资子公司，隶属神州数码供应链服务战略本部，也是神州数码控股旗下五大主营业务之一。目前，科捷物流主要致力于为客户提供全面供应链解决方案，包括多行业的 B2B 物流解决方案、电子商务供应链解决方案，以及针对 IT 数码类产品的售后维修解决方案，现在已经成为中国最大的电子商务供应链服务提供商。

科捷物流在全国 57 个城市设置了 69 个仓库及 76 个自有网点，覆盖全国 2073 个城市，拥有一支 3000 人左右的高素质队伍、资深物流专家，拥有丰富的仓储、配送和运输资源，形成了覆盖全国的物流网络。其自行研发的电子商务信息系统资源，包括订单管理系统、仓储管理系统、运输跟踪系统、条码扫描系统和进出口系统，具备丰富的系统开发和客户接口经验。

根据科捷集团的业务属性，科捷物流组织结构如图 7-12 所示。

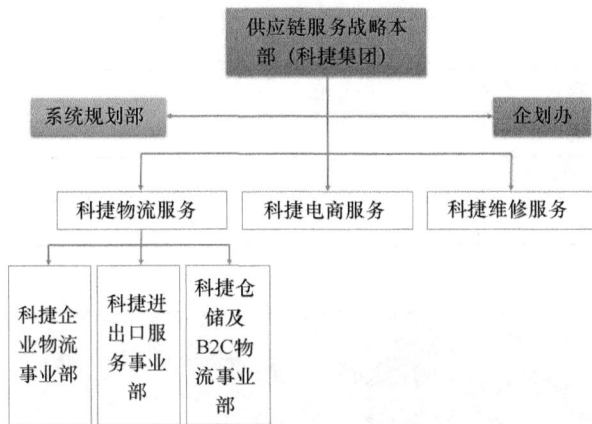

图 7-12　科捷物流主要组织结构

其中，可能为电商提供服务的部门主要有以下 4 个：电商服务部，负责统一业务接口及方案设计；系统规划部，负责技术系统支撑；物流服务部，负责仓储、配送运作及管理；维修服务部，负责涉及电子商务的维修服务。

品牌商与科捷仓储及 B2C 事业部统一接口，科捷物流服务部门负责协调科捷集团的全部资源，来保证对品牌商电商全盘的营销支持、结算财务、开具发票、仓储物流及技术平台支撑，其结构如图 7-13 所示。

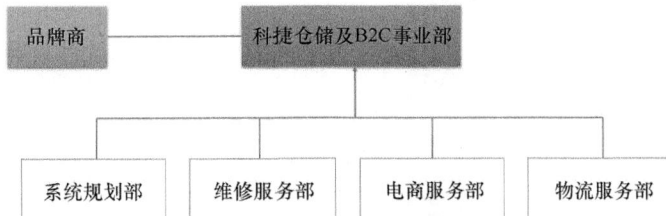

图 7-13　可能为电商提供服务的部门

实战训练

在网上通过查找资料，对某一家知名的电子商务企业的物流仓储系统进行了解，然后分析其物流系统和外包系统，并绘制相应的组织结构图。

任务评价

自我评价

主要内容	自我评价等级（在符合的情况下面打"√"）			
	全都做到了	大部分（80%）做到了	基本（60%）做到了	没做到
常用物流系统 ERP 平台				
绘制组织结构图				

自我总结	我的优势	
	我的不足	
	我的努力目标	
	我的具体措施	

小组评价

主要内容	小组评价等级（在符合的情况下面打"√"）			
	全都做到了	大部分（80%）做到了	基本（60%）做到了	没做到
常用物流系统 ERP 平台				
绘制组织结构图				

建议	

组长签名：　　　　　　年　　月　　日

教师评价

主要内容	教师评价等级（在符合的情况下面打"√"）			
	优秀	良好	合格	不合格
常用物流系统 ERP 平台				
绘制组织结构图				
评语				

教师签名：　　　　　　　年　　月　　日

![项目小结]

项目小结

　　电子商务是一场渠道的革命，革命的起源是渠道效果的大幅度提升，而效果的提升又是由信息流、物流、资金流的高速运转所产生的。所以，电子商务企业的仓储物流管理是整个企业运营和管理的核心工作，是效率的体现。

　　本项目介绍了电子商务企业相关的仓储物流知识，首先介绍了物流在电子商务中的角色和作用、典型的物流仓储模式，以及电子商务仓储物流的组织构架；然后介绍了仓储物流的管理和运营情况，包括常见的物流系统 ERP 平台、电子商务企业的物流外包合作方式和管理模式，以及国内主流第三方物流仓储公司。

08 项目八
企业运营中的事件项目管理

项目导入

电子商务企业在运营过程中为了吸引客流、提高销量，经常会进行一些促销活动，并且通常把这些活动作为一个具体的项目进行策划、组织和操作，最后完成一定的经济效益目标或者宣传目标。本项目主要通过"周年庆"活动和"双十一"活动两个任务来介绍电子商务企业运营中事件项目管理的相关知识。

知识目标

- 了解项目管理的内容
- 熟悉活动策划方案的内容
- 理解企业活动投放的过程
- 掌握企业各部门在活动投放过程中的作用

技能目标

- 能够制订活动方案
- 能够分析活动方案

素养目标

- 具备部门协调意识
- 具备活动准备意识

任务 8.1　电商"周年庆"活动的筹备与管理

任务目标

熟悉亚马逊中国周年活动方案的运营和管理情况。

任务描述

本任务以亚马逊中国十周年庆活动为例，对活动方案进行解析，对广告和物流等方面进行介绍。

任务实施

在电子商务企业竞争激烈的今天，很多电商企业为促进销售会以不同形式的活动呈现，本任务着重介绍对电商有重要意义的"周年庆"活动，"周年庆"的活动种类多，折扣大，对电商企业来说能在较短的时间内吸引较大的流量促进销售，同时主题是"周年"，能促进自身的电商品牌建设。

下面以亚马逊中国的"周年庆"活动为例展开叙述。亚马逊中国（www.amazon.cn）十周年庆活动时间是 2014 年 4 月 14 日至 4 月 30 日。这里主要简要分析亚马逊中国十周年庆的整体活动方案、线上投放广告和物流等方面的内容，如图 8-1 所示。

图 8-1　亚马逊中国十周年庆活动广告

8.1.1 周年庆活动方案分析

从整体活动方案来看，亚马逊中国十周年庆活动主要分为 3 部分，即 3 万件"明星商品"秒杀；特价商品，每天仅限一款；满减活动。

① 从秒杀活动来看，秒杀的商品或者品牌都是受众较熟悉或者销量较好的，分为正在抢购、即将开始和已经结束 3 个步骤，这样就能在秒杀开始前吸引流量，同时通过订购量滚动条显示时间和订购量引起受众的购买欲望，如图 8-2 所示。

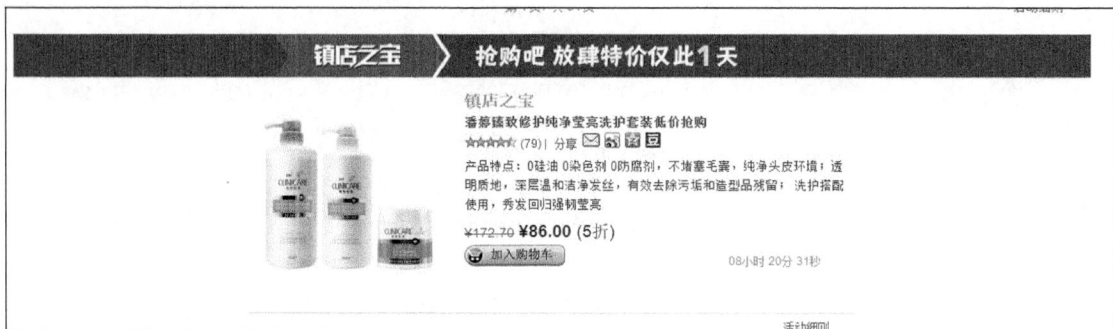

图 8-2　某款产品的秒杀活动

② 每日一款的特价商品以让利的方式吸引客流，特价意味着低价，而低价正是吸引网购人流的较好方式之一。

③ 满减活动主要集中的品类，以及在第一波活动中展现的品类，既可以实行单品类满减，也可以实行多品类联合满减。多品类满减对消费者来说是一个不错的吸引点，满减幅度也较大，如满 299 元减 80 元，满 499 元减 150 元等，如图 8-3 所示。

图 8-3　满减活动宣传画

亚马逊中国十周年庆活动主要分 4 个阶段：第一阶段是 4 月 14～16 日，活动品类主要是服饰、鞋靴、美妆用品、钟表和户外运动用品；第二阶段是 4 月 17～20 日，活动品类主要是图书、Kindle、家居用品、厨房用品、数码家电和乐器；第三阶段是 4 月 21～23 日，活动品类主要是母婴用品、玩具、美妆用品、个护健康用品、相机和汽车用品；第四阶段是 4 月 24～30 日，主打精选商品。图 8-4

为周年活动某阶段正在抢购的商品。

图 8-4　周年活动某阶段正在抢购的商品

8.1.2　线上投放广告

从线上投放广告来看，亚马逊中国为这次周年庆活动做足了广告。从百度搜索结果看，连续几天搜"亚马逊"及其相关的关键词，连续几页的词条都是其周年庆的广告，如图 8-5 所示。

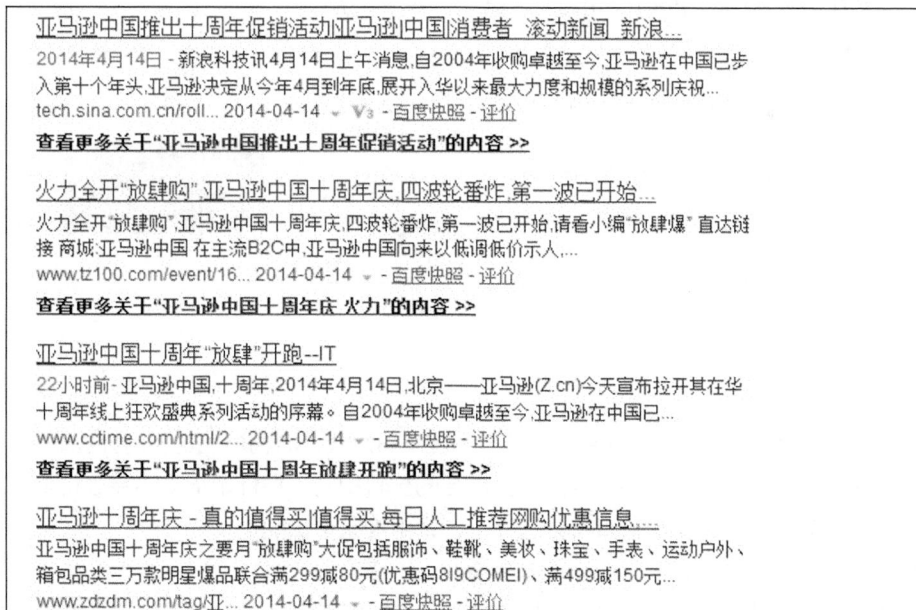

图 8-5　线上投放广告

除了百度推广，还有相关门户网站，如新浪、网易等的推广，都通过软文广告频繁宣传亚马逊中国十周年庆活动，如图 8-6 所示。

"周年庆"线上投放广告除了百度推广、各大门户网站投放广告外，还有值得买、最低价网和淘者等此类网购推荐网站的推广，如图 8-7 所示。

图 8-6　软文广告

图 8-7　网购推荐网站

8.1.3　物流

"周年庆"活动采取亚马逊中国自营与入驻买家合作的方式，而物流配送相对独立。

消费者购买入驻卖家商品和亚马逊中国自营商品的步骤相同，在订单提交后完成付款即可。如果订购了入驻卖家的商品，那么卖家会直接处理订单，并由卖家负责配送。

买家可以根据自己的地址和入驻卖家的实际情况，选择不同的送货方式，主要送货方式有国内平邮、快递送货和国内特快专递（EMS）。入驻卖家若是通过亚马逊中国的物流服务，就会将出售的商品存储在亚马逊中国的运营中心，并由亚马逊中国直接发货、配送和提供客户服务。

── **实战训练** ──

在网上搜索一个最新的电子商务企业促销活动，列出该活动的方案，包括活动时限、主要内容，以及广告投放方式和物流准备情况。

任务评价

自我评价

主要内容	自我评价等级（在符合的情况下面打"√"）			
	全都做到了	大部分（80%）做到了	基本（60%）做到了	没做到
网络促销活动方案				
自我总结 — 我的优势				
自我总结 — 我的不足				
自我总结 — 我的努力目标				
自我总结 — 我的具体措施				

小组评价

主要内容	小组评价等级（在符合的情况下面打"√"）			
	全都做到了	大部分（80%）做到了	基本（60%）做到了	没做到
网络促销活动方案				
建议				

组长签名： 　　　年　　月　　日

教师评价

主要内容	教师评价等级（在符合的情况下面打"√"）			
	优秀	良好	合格	不合格
网络促销活动方案				
评语				

教师签名： 　　　年　　月　　日

项目八　企业运营中的事件项目管理

177

任务 8.2 "双十一"活动的筹备与管理

📄 任务目标

熟悉电子商务企业事件项目管理中的进程准备。

熟悉电子商务企业事件项目管理中各部门的职责。

📝 任务描述

本任务主要通过介绍淘宝"双十一"活动前的准备，以及应对"双十一"活动各部门的岗位职责安排，来说明电子商务企业事件项目管理的各项工作和运营情况。

⚙ 任务实施

8.2.1 "双十一"活动的筹备

自从淘宝设立"双十一"活动起，每年的 11 月 11 日就是网购的狂欢日。对消费者来说，"双十一"前可提前选购商品，获取优惠券，为在"双十一"这天淘到便宜、满意的商品做好准备；而对商家来说，"双十一"是企业运营过程中尤其重要的年度项目，"双十一"活动的准备充分度，会直接影响"双十一"前后的流量以及当天的销售情况，对整个年度的销售产生重要影响。

商家除了紧锣密鼓地开始筹划整体活动外，还需要注意前后端部门的任务衔接，以及活动前、中和后期运营活动的整体配合等环节，更好地做好活动先期预热，以期取得更好的效果。

1．了解项目进程表

对电子商务企业来说，运营和管理一个事件项目，最重要的工作就是列出项目进程表。项目进程表为了让客户或同事能根据某个项目制订计划，对于特定事项何时发生、成果何时提交，必须有统一的时间设定。项目越大越复杂，项目进程表就越显得重要。

对于像"双十一"活动这样的大项目而言，团队之间各个部分的相互依赖程度越高，决策和时间对其他人的冲击可能也就越大。当品牌团队有几十或上百个人，项目进程落后一天会很快产生连锁反应，问题会层出不穷，从而阻碍项目实施进度，因而从这个角度来说，项目进程表非常重要。

2．"双十一"项目进程表的组成

"双十一"项目进程表由品牌 Logo、序号、部门、主要内容、责任人、备注、日期和各时间节点相对应的工作内容等几部分组成。主要部分介绍如下。

（1）品牌 Logo

Logo 是企业标志重要功能之一。根据活动要求，所有企业外部和内部合作场合、合作文件都会加上企业品牌 Logo。

（2）部门

在"双十一"期间，整合各种资源，组建项目部，项目部下设多个职能部门。整个"双十一"促前、促中和促后过程中的团队人员安排，工作分工与进度的确认跟进，通常情况下，会按照以下架构

进行。

① 商品部。商品部主要负责货品结构优化、备货、商品属性确定、商品定价、卖点包装、搭配和品控等。

② 策划部。策划部主要负责营销方案、预热方案、页面方案制订，以及视觉设计、风险管理和其他预案编制等。

③ 推广部。推广部主要负责推广方案、流量方案制订和推广素材测试等。

④ 客服部。客服部主要负责自助购物流程设定、催款方案制订自动回复、话术、危机处理和客服培训等。

⑤ 物流部。物流部主要负责库存清点、订单分拣、提前打包和模拟发货等。

⑥ 后勤部。后勤部主要负责生活后勤服务、硬件后勤服务和活动现场摄影等。

（3）成立"双十一"活动运营指挥部

"双十一"活动运营指挥部由运营部各负责人和店铺销售部主要执行人组成几个执行部门，各个部门可以按照自己的企业文化或者电商团队的"江湖文化"进行取名。当然，每个部门还会设立多个执行小组，如物流部，除了设置与发货相关的小组之外，还会增设一个网络信息安全小组，负责"双十一"活动期间 ERP 系统和网络的安全及稳定等方面的工作。

（4）确定活动的时间节点

在"双十一"进入倒计时状态前，很多时间节点上有相对应的工作内容，其实就是分解"双十一"相关工作内容。一般从 10 月 10 日开始，许多店家在各个时间节点上就有相对应的工作。下面对具体时间节点的相应准备工作展开讲解。

① 10 月 10 日发放优惠券。主要的工作是开始发放优惠券，主要的发放形式是在店铺首页、详情页面和"双十一"预热专题页面悬挂优惠券领取横幅，以及客服在接待咨询时主动提醒客户领取"双十一"优惠券。

② 10 月 14 日产品申报。10 月 14 日需要准备好商品申报表单，产品申报时间是 10 月 16 日 10：00 至 10 月 29 日 22：00，商品价格自由报备，店铺满减自由报备。

③ 10 月 15 日聚划算活动准备。整个 10 月份关于聚划算的"品牌团"与"商品团"这两项活动的上线和报名准备工作事项较多，其目的是增加商品销售数据，以及争取"双十一"当天有更多活动流量和销售业绩。

④ 10 月 22 日预热页面。"双十一"活动开始之前，天猫官方会进行一些预热活动，预热页面需要按照官方模板要求进行设计，参加预热页面的商家，10 月 23 日 15：00 前提供用官方要求模板完成的承接页面链接，10 月 28 日 18：00 前完成承接页面的所有内容。

⑤ 10 月 28 日淘金币报名。淘金币活动报名的目的也是争取"双十一"当天的流量支持和销售业绩。

⑥ 10 月 29 日产品报名结束。10 月 29 日参加"双十一"活动的产品报名通道关闭，也就是说产品报名结束。所以卖家要在 29 日之前完成所有的产品申报相关工作。

⑦ 10 月 31 日"双十一"预热开始。从 10 月 31 日开始，官方预热活动正式开始，卖家需要注意的是，预热活动很大程度上会影响"双十一"当天的业绩。

⑧ 11 月 10 日亮剑。11 月 10 日，活动前期所有准备工作结束，大量的流量开始涌入店铺，商品选择、收藏和加入购物车的用户暴增，"双十一"活动正式拉开序幕。

8.2.2　各部门的筹备流程

在了解"双十一"活动的总体筹备内容后，下面介绍各主要部门的活动筹备情况。

1．运营部

运营部活动筹备流程如下。

（1）"双十一"活动报名及活动商品申报。

（2）制订"双十一"活动方案。

（3）完成"双十一"专题页画版，策划好页面导入接口。

（4）"双十一"专题页制定日收藏数据指标。

（5）跟进"双十一"专题的访客量及收藏量，根据需求做出适时流量或页面调整（持续）。

（6）"双十一"页面完成页面画版、页面陈列布局和页面产品需求。

（7）优惠券的派发入口、文案说明。

（8）要求选主推款商品，对推广提出数据指标。

（9）跟进"爆款"销售情况，确定每天的流量指标。

（10）通过商家运营中心 CRM 区分会员情况，针对每一个会员区域做出相对应的应对方案。

（11）通过 ERP 进行催付、发货短信、签收短信预热前优化方案制订。

（12）制订"双十一"会员营销方案、会员"双十一"特权与奖励方案。

（13）活动短信通知文案撰写（第一次活动预告新品折扣，第二次体现关怀，第三次展现活动相关内容，第四次加强活动紧迫性）。

（14）商品标题优化，增加实时热索关键词，如商品词及"双十一"关键词。

（15）制订和组织洽谈与参加"双十一"相关店铺互链方案。

（16）类目小二现场考察，"双十一"相关了解。

（17）"双十一"当天类目对接相关事项（会场位置更替、临时素材对接和营销时反馈）。

（18）倒计时安排——告知设定自动回复、页面告知。

（19）11 月 12 日短信播报销售战况，感谢活动支持。

2．商品部

商品部活动筹备流程如下。

（1）梳理商品结构，制作商品结构总表；确定"预爆"款、主推款、常规款；按功能性区分，包含定价、库存量。

（2）根据确定的"主推款"进行文案优化。

（3）"活动款"文案撰写和优化，以及产品定价。

（4）确定"双十一"主推商品及价格，拟定商品申报表。

（5）规划和在淘宝后台设置活动安全库存。

（6）制订"主推款"及"常规款"关联销售方案。

（7）新款销售跟踪，制作补货表（涉及宝贝销量、收藏、转化率和浏览量等）。

（8）编制"双十一"分销渠道商品规划及当天库存分配方案。

（9）跟踪 ERP 库存提醒，了解订单商品销售数据和预售情况，及时补单。

3．美编部

美编部活动筹备流程如下。

（1）产品详情页设计、制作和分批次优化。

（2）主推款的详情页制作、制作和优化上线。

（3）预热期 EDM 单及"双十一"当天促销新品 EDM 单制作。

（4）活动报名素材制作与优化。

（5）首页（预热期、"双十一"当天、11 月 12 日）页面制作。

（6）双十一单品页详情页和直通车推广款详情页制作。

（7）预热前、"双十一"当天、11 月 12 日活动，以及单品详情页和直通车推广款页面定稿。

（8）钻展、直通车素材制作。

（9）店铺自定义页面及商品列表页优化。

（10）大促销进行中页面横幅轮换准备工作（发货、售罄标识、库存紧张标示、实时销售更新、页面倒计时和客服旺旺号排位轮换等）。

（11）"双十一"自主购物攻略页面制作。

（12）无线端手机专修。

（13）O2O 素材制作。

4．推广部

推广部活动筹备流程如下。

（1）制订活动期间广告资源方案。

（2）根据运营要求制订直通车推广计划，并做出费用需求。

（3）"双十一"专题页启用店铺推广、快捷推广和明星店铺（持续推广），增加首页、类目页和详情页流量入口。

（4）启动店铺推广，增加首页、类目页和详情页流量入口。

（5）主推款关键字推广、定向推广。

（6）重点推广款，关键字卡位，多计划（持续推广）。

（7）制订淘宝钻展广告投放方案（预热及当天），并做出费用需求。

（8）制订淘宝客推广计划方案（预热及当天），并做出费用需求。

（9）直通车、钻展素材画板制作及文案初稿撰写。

（10）"双十一"钻展素材测试。

（11）站外 SNS 推广测试及推广计划制订。

（12）无线端推广测试及推广计划制订。

5．客服部

客服部活动筹备流程如下，如图 8-8 所示。

（1）客服分组。根据之前的客服 KPI 了解每个客服人员的特点，按每个客服人员的特点分成多个客服小组，并选出小组长，制订排班计划，确定临时客服小组负责人。客服人员建议从 10 日～13 日 24 小时在线。

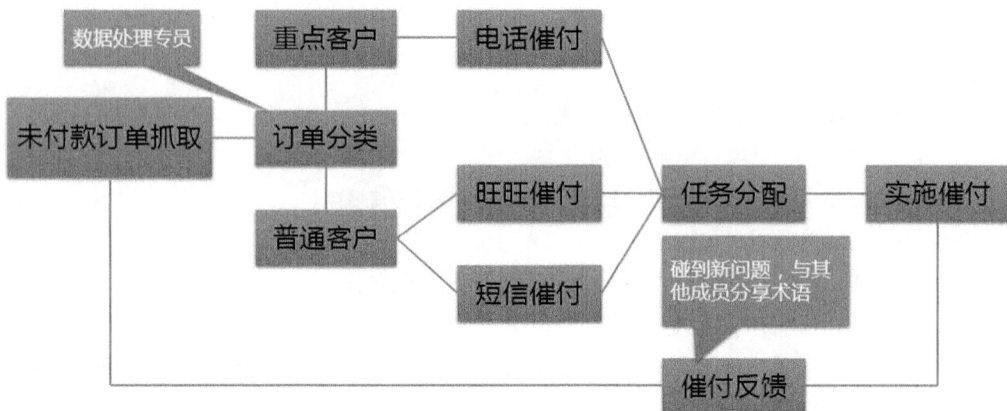

图 8-8　客服部流程

（2）组织客服培训计划。培训内容包括产品知识、软件基本使用、促销活动内容和"双十一"话术等。

（3）"双十一"临时客服人员到岗及相关知识培训。培训内容包括店铺后台功能、旺旺操作使用、产品知识、促销活动内容和"双十一"话术等。

（4）设置添加淘宝客服子旺旺、旺旺精灵等软件，确保各项设置准确无误。

（5）制定与"双十一"相关的活动内容文档、快捷短语文档、活动注意事项文档，并设置添加快捷短语、自动回复等并进行核查。

（6）成立活动内容咨询、售后处理小组。

（7）编制客服应急预案，监控大流量时客服旺旺流量情况，对应采取强制分流、400 电话接听和紧急情况拨打电话等措施。

（8）"双十一"当天催付方案编制以及催款话术制定，包括以下内容。

① 旺旺催付。实时催付（下单后半小时内，告之疯抢进展，刺激客户的占有欲）。

② 短信催付。短信模板增加个性化用户信息，如订单号、商品标题、顾客姓名，提高专业程度及公信力。

③ 电话催付。对于大额订单、高价值用户，可用电话催付，电话催付应规避常规休息时间（0：00～9：00，11：30～14：00，21：00～24：00），催付专员应开门见山地表明身份，消除客户戒心，针对客户的反应和语气做出专业反应。

（9）制订"双十一"后的客户退换货方案及退换货话术方案。

（10）编制维权投诉处理预案。

6．物流部

物流部活动筹备流程如下。

（1）货品入仓及盘点，货仓摆放科学合理、"爆款"商品集中，便于快速发货。

（2）确定"双十一"仓库预打包数量及明细。

（3）事先标准化管理，确定订单、拣货、打包、打单、贴单和出库各个环节的操作标准。

（4）制订规划小组流水线作业方案，提高效率。

（5）对临时或兼职人员做好事前培训和流程模拟。

（6）与快递合作商支持、联动，"双十一"开始蹲点合作，确保销售出货能力，或者签好协议保证按期发货。

（7）管理人员专职现场协调和资源调配，控制全场。

（8）根据发货效率预估所需人员数量，确保人员到位且进行分组管理，提前制定排班表。

（9）根据预计发货量增加打包流水线和定岗，对货架货品合理摆放，规划优化拣货人员路线图以提高效率，对发货流水线实时优化，做好仓库合理布局规划。

（10）后勤保障有力，打印机、纸张、扫描枪、面单、包装箱、胶带、水和食物等准备到位。

（11）ERP 系统检查整改（解决漏单、超卖等问题）以及做好应急预案，系统运维人员现场蹲点，实时监控保障系统安全。

（12）提前做好赠品物料的包装工作。

（13）由运营提供提前打包款式及数量，并进行提前打包。

（14）编制物流应急预案。

（15）制定发货目标，合理安排人手，时刻关注发货进度。

（16）每天展示最新的物流发货进度。

实战训练

1. 以小组为单位，模拟一个电子商务企业进行一项促销活动，对活动进行筹备，记录筹备的流程和项目进程表。

2. 以小组为单位，每个小组测试负责筹备一个部门的活动任务。

任务评价

自我评价

主要内容		自我评价等级（在符合的情况下面打"√"）			
		全都做到了	大部分（80%）做到了	基本（60%）做到了	没做到
创建项目进程表					
筹备各部门工作					
自我总结	我的优势				
	我的不足				
	我的努力目标				
	我的具体措施				

小组评价

主要内容	小组评价等级（在符合的情况下面打"√"）			
	全都做到了	大部分（80%）做到了	基本（60%）做到了	没做到
创建项目进程表				
筹备各部门工作				

建议

组长签名：　　　　　　　　年　　月　　日

教师评价

主要内容	教师评价等级（在符合的情况下面打"√"）			
	优秀	良好	合格	不合格
创建项目进程表				
筹备各部门工作				

评语

教师签名：　　　　　　　　年　　月　　日

项目小结

电子商务企业事件项目管理的目的主要有两点：提高销售额和扩大品牌影响。但要达成这两个目的很不容易，需要企业进行合理筹备和管理。因此，本项目选取目前电子商务企业在项目事件管理中常用的"周年庆"活动和以淘宝主导的"双十一"活动为例展开讲述，详细介绍了活动类型、活动内容、活动时间进程，以及各部门分工、职责等方面的工作和流程，帮助大家学习电子商务企业如何进行事件项目管理。

09 项目九
企业运营中的紧急事件处理

项目导入

　　企业在运营管理过程中不会是一帆风顺的，总会遇到大大小小的问题和影响企业发展的障碍，小至客户的投诉、退换货，大至产品质量出问题、税务部门查账等一些都可能影响企业继续经营的事件。当然也会出现有利于企业发展的机遇，如突然出现的社会热点，可能引发的商品推广活动。本项目通过商品价格异常、物流滞后、社会热点事件和危机公关等案例，介绍电子商务企业在运营管理过程中应该如何应对紧急事件。

知识目标

- 了解退换货处理办法
- 熟悉订单暴增处理办法
- 理解企业的事件营销
- 掌握处理纠结的 3 种方式

技能目标

- 能够进行订单纠纷处理
- 能够应对危机事件

素养目标

- 具备解决问题的意识
- 具备热点营销意识

任务 9.1　商品价格异常招致订单亏损

任务目标

了解退换货过程。

熟悉"错价门"事件的处理办法。

任务描述

本任务主要讲解一般的退换货流程，并对企业因为价格错标而采取相关补救措施做了案例分析。另外，还可以从魅族和联想的具体案例中学到相关的紧急事件处理的经验方法。

任务实施

在电子商务企业日常经营管理过程中，订单的处理是非常重要的一个环节。订单是消费者在商店购买商品后的表现，订单生成后，企业通过处理订单来完成款项的转移与货物的配送。一般情况下，企业处理订单的流程为：首先确认支付，其次发货，最后确认完成。

企业工作人员在收到订单后首先要做的是审核订单，审核的内容包括订单上消费者的资料，商品信息，是否已经完成支付，配送的时间以及物流的方式，以及在备注栏中是否会有一些特殊的要求。在确认顾客款项已经到账的前提下，可以对货物进行发货处理。

一般企业在发货后再次接触顾客就是售后服务阶段。售后服务主要是处理顾客收到货物后的反馈，售后服务需要对顾客的反馈及时做出反应。

9.1.1　退货

当顾客购买的商品发生质量问题或对商品不满时，就可能会产生退货、换货。一旦产生退货，就需要进行退换货订单处理，在此过程中，企业需要执行相应的退款、退货和作废等操作。

当顾客需要退货时，需要客服人员进行处理，若客服人员不接受退货，则本次订单不予退款。若客服人员接受退货，该退货订单还需要主管审核，若主管审核不同意退货，还是不予退款；若主管审核接受退货，需要仓库收货，当仓库确认收货后，财务人员给予退款，如图 9-1 所示。

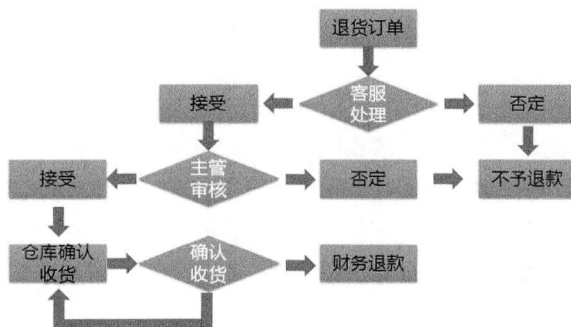

图 9-1　退货退款流程

9.1.2　换货

当顾客需要换货时，需要客服人员进行处理。若客服人员不接受换货，则本次订单不予换货。若客服人员接受换货，该换货订单还需要主管审核，若主管审核不同意换货，还是不予换货；若主管审核接受换货，需要仓库收货，当仓库确认收货后，需财务补差价，然后仓库配货、发货，如图9-2所示。

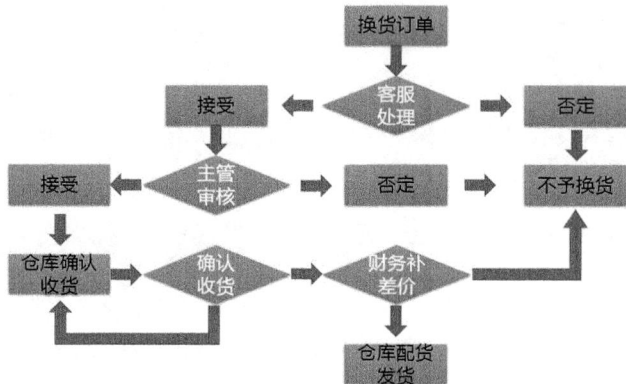

图9-2　换货流程

然而，当商品价格出现异常，通常表现为价格标错（标低）时，就会产生订单暴增以致订单亏损等，在这方面企业尤其需要注意。下面通过两个案例分析商品价格异常带来的订单亏损和企业的处理方法。

案例阅读

案例一：2014年5月12日12：00，魅族科技在新浪微博开售MX3手机时出现了数据错误，将原标价1799元的魅族MX3标成17.99元，开售几分钟就卖出了上千部。5月13日10：00，魅族科技在新浪微博发表"是的，魅族会兑现"公开道歉信，并在公开道歉信中表明了处理这件商品价格异常事件的方法，表示不会推出任何一个人作为这件事情的"临时工"，如图9-3所示。

案例二：2014年5月24日，原本售价879加元的联想Y410P笔记本突然下调至279加元，降价幅度高达600加元，在被网友们发现之后就遭到了疯抢，甚至有人一次订购了好几台，如图9-4所示。

出现此错误的原因是系统将电子折扣券与即时折扣率重复使用，在计算折扣率时自动生成了错误的价格。联想指出："在我们修改错误之前，已经有顾客用错误的价格下了订单。像其他计算机生产商一样，联想加拿大的网站上也有这样的条款，联想有权取消就错误价格所下的订单，顾客在购买联想产品之前都同意了这一条款。我们已经就此价格错误通知了受影响的顾客，并正在取消他们的订单，对于为此造成的不便，我们深表歉意。"

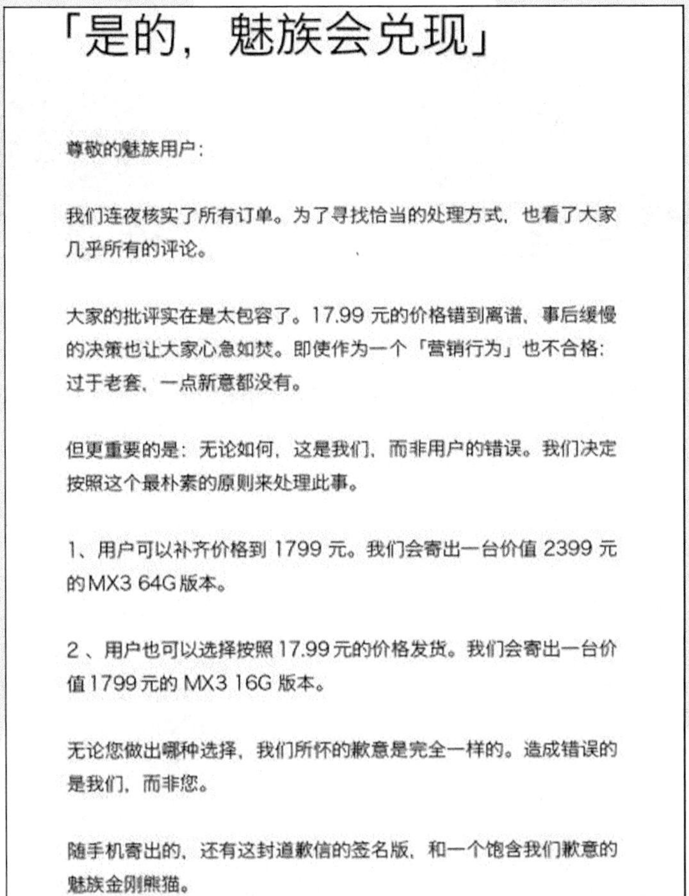

「是的，魅族会兑现」

尊敬的魅族用户：

我们连夜核实了所有订单。为了寻找恰当的处理方式，也看了大家几乎所有的评论。

大家的批评实在是太包容了。17.99元的价格错到离谱，事后缓慢的决策也让大家心急如焚。即使作为一个「营销行为」也不合格：过于老套，一点新意都没有。

但更重要的是：无论如何，这是我们，而非用户的错误。我们决定按照这个最朴素的原则来处理此事。

1、用户可以补齐价格到1799元。我们会寄出一台价值2399元的MX3 64G版本。

2、用户也可以选择按照17.99元的价格发货。我们会寄出一台价值1799元的MX3 16G版本。

无论您做出哪种选择，我们所怀的歉意是完全一样的。造成错误的是我们，而非您。

随手机寄出的、还有这封道歉信的签名版、和一个饱含我们歉意的魅族金刚熊猫。

最后，也向因为活动暂停而没有来得及下单的用户说一声对不起。

新浪微博MX3购买渠道将于14日中午12点重新开放。除原有赠品外，再加送10元Flyme消费券。

PS
很多用户关心标错价格的那个家伙的命运。请大家放心、他活得好好的。魅族营销团队是一个Team、每一个成员都是好样的。我们不会推出任何一个人作这件事情的「临时工」。

图9-3　魅族科技的公开道歉信

联想加拿大表示从5月28日起，联想加拿大会与订单被取消的顾客联络，承诺在他们新的购买联想笔记本电脑行动中向他们提供100加元（约合人民币575元）优惠，这100加元可以用到总的消费金额中，无论有没有其他折扣，有效期至2014年8月3日。

然而，联想此举还是引发民众不满，一位用户在一封邮件中写道："联想公司给出100加元（约合575元人民币）优惠券的行为对我是一种侮辱，我打算以后再也不买联想的产品了。"

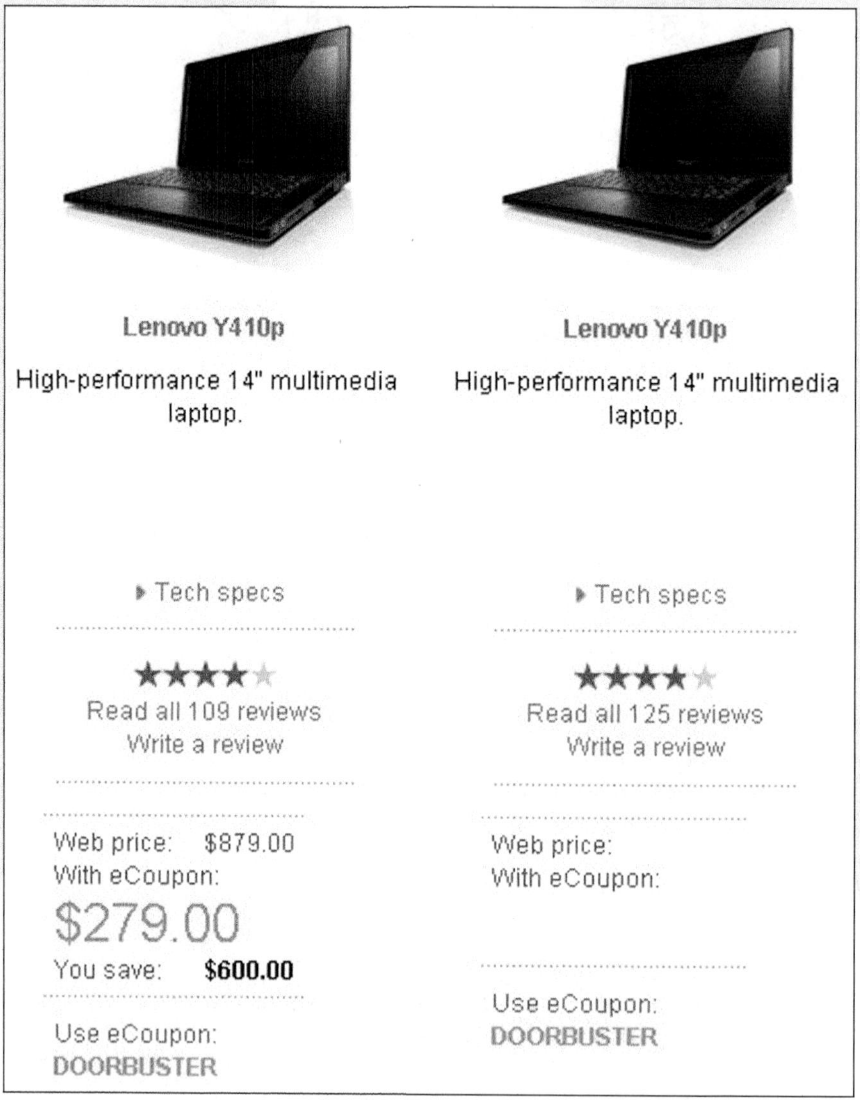

图9-4 联想标错商品价格

由此可见，联想此次"错价门"事件最后采取的补救方案并没有得到消费者和舆论的认可。若最后没有处理好因自身标价错误造成的消费者不满问题，可能会影响联想的声誉和以后的产品销售。

实战训练

分小组模拟退换货。

任务评价

自我评价

主要内容	自我评价等级（在符合的情况下面打"√"）			
	全都做到了	大部分（80%）做到了	基本（60%）做到了	没做到
模拟退换货流程				
自我总结	我的优势			
	我的不足			
	我的努力目标			
	我的具体措施			

小组评价

主要内容	小组评价等级（在符合的情况下面打"√"）			
	全都做到了	大部分（80%）做到了	基本（60%）做到了	没做到
模拟退换货流程				
建议				

组长签名：　　　　　　　年　　月　　日

教师评价

主要内容	教师评价等级（在符合的情况下面打"√"）			
	优秀	良好	合格	不合格
模拟退换货流程				
评语				

教师签名：　　　　　　　年　　月　　日

任务 9.2　订单暴增导致事务处理缓慢

📄 **任务目标**

熟悉电子商务企业处理暴增订单的方法。

📝 **任务描述**

通过介绍某淘宝店铺应对订单暴增导致各项事务处理缓慢的方法,学习如何应对订单暴增的情况。

⚙ **任务实施**

很多电子商务企业在进行促销活动,或者在节假日时,会产生大量订单,有些卖家甚至出现订单暴增导致无法正常工作的情况。订单暴增通常会导致以下问题出现:下单采购的产品不能及时到货;产品质量不合格,颜色、尺码和材质等有问题;资金链断裂,没钱去订货;等等。

那么,电子商务企业如何正确梳理自己的工作,在保证营业额的情况下,将错误率降至最低,以应对订单暴增的问题呢?根据淘宝网的调查和统计,可以利用以下 6 个技巧来解决。

(1)用好所有人,使每个人发挥自己的最佳水平

在预测到订单暴增之前,企业宣传部门必须优化企业或产品的网上说明页面;对产品销售常规问题的解答进行统一培训,如客服人员编辑统一的快捷短语,快速回复买家的一般性问题等;对于较为复杂的问题,打电话过去沟通处理,除非涉及需要保留证据的沟通。

(2)要学会利用他人来帮助自己解决事情

对于物流派送,如果是自有物流,应该提前做好派送准备,制订应对订单暴增的应急方案;如果是第三方物流,应该选择愿意提前上门帮忙打包,且发货速度较快的物流公司;在可能的情况下,可以争取产品原厂代发的优惠;可以去兼职网站招聘大学生,做一些简单的工作。

(3)保证产品供应

跟进产品生产,到货期间,必要时派人全程跟进,保证工厂优先生产,保证质量;产品到货时,IQC(来料质量控制)检验合格再入库,尺码、颜色和材质都确认无误;与供应商客服和仓库人员搞好关系,争取优先供货;及时寻找一家备选供应商,快速切换;在预计产品不够卖、补货跟不上时,可以采用预售的方式。

(4)必须保证资金链运转

对于产品销售企业,可以找供货商谈判,争取在订单暴增期间,先付原材料费用,争取提高资金的周转效率,或者通过淘宝贷款等方式增加企业的周转资金。

(5)量力而行,适时减少订单

一旦订单暴增导致企业无法完成订单,可以通过产品涨价的方式来减少订单,提高毛利率;也可以缩减推广力度,但不要缩减得太猛,应以稳定销量为主;另外,就是精简搭配套餐,减少搭配套餐

的复杂度。

（6）花钱消灾，保持销量排名方面的优势

对于需要保持销量的企业，可以通过赠送优质赠品的方法来维持客户的购买欲望；或者安排专人跟踪物流情况，提前安抚客户，避免客户给出中差评，甚至可以采用5分好评自动送彩票等活动来避免客户给出中差评。

以上就是淘宝网某次订单暴增的一些应急措施，当然，每个企业的实际情况都是不一样的，因此可以进行适当调整。

实战训练

分小组模拟制订应对订单暴增的处理方案。

任务评价

自我评价

主要内容	自我评价等级（在符合的情况下面打"√"）			
	全都做到了	大部分（80%）做到了	基本（60%）做到了	没做到
模拟应对订单暴增				
自我总结 我的优势				
我的不足				
我的努力目标				
我的具体措施				

小组评价

主要内容	小组评价等级（在符合的情况下面打"√"）			
	全都做到了	大部分（80%）做到了	基本（60%）做到了	没做到
模拟应对订单暴增				
建议				

组长签名：　　　　　年　　月　　日

教师评价

主要内容	教师评价等级（在符合的情况下面打"√"）			
	优秀	良好	合格	不合格
模拟应对订单暴增				
评语				

教师签名：　　　　　　　　年　　月　　日

任务 9.3　社会新热点引发特殊事件

📄 任务目标

熟悉各大电商企业利用社会热点进行营销的方式。

✏️ 任务描述

本任务以淘宝为例，介绍了以世界杯为营销噱头，一些大型电子商务企业是如何进行营销推广的。

⚙️ 任务实施

借助社会热点进行品牌营销传播是电子商务企业最常用和有效的手段。2014 年 6 月 13 日至 7 月 14 日，四年一度的"世界杯"在巴西开赛，因具有其广泛的影响力和关注度，成为企业难得的营销良机。由京东商城挑起的"618 电商大战"在 6 月 3 日拉开序幕，京东、淘宝等国内知名电商平台参与，各商家均主打"世界杯"牌，号召广大球迷在凌晨看球的同时，不忘上网购物，并将啤酒、饮料和零食三大招牌类目作为"世界杯"期间的最佳消费刺激点。

💲 案例阅读

淘宝和天猫联合推出了"扫码世界波"活动，联动 30 万余线上线下商家。消费者通过手机淘宝线下轻松扫码，不仅可以领取淘宝天猫所准备的红包、彩票以及数万商家发出的店铺消费券，而且可以在"世界杯"期间享受一小时"饿急送"、KTV 看球酒水半价畅饮、获赠熬夜特种保险等 10 余种扫码特权。

利用社会热点进行营销活动是企业品牌宣传和促进销量的一个有利方式，但"赚钱亦有道"，在社会热点的选择上，企业在慎重起见，可以选择常规性、全民参与性的节日或者活动，慎用负面热点。

实战训练

根据本部分的学习，分小组选取一件目前社会上的热点事件，并根据该事件做出一个电子商务营销的方案。

任务评价

自我评价

主要内容	自我评价等级（在符合的情况下面打"√"）			
	全都做到了	大部分（80%）做到了	基本（60%）做到了	没做到
根据社会热点制作电子商务营销方案				
自我总结	我的优势			
	我的不足			
	我的努力目标			
	我的具体措施			

小组评价

主要内容	小组评价等级（在符合的情况下面打"√"）			
	全都做到了	大部分（80%）做到了	基本（60%）做到了	没做到
根据社会热点制作电子商务营销方案				
建议				

组长签名： 年 月 日

教师评价

主要内容	教师评价等级（在符合的情况下面打"√"）			
	优秀	良好	合格	不合格
根据社会热点制作电子商务营销方案				
评语				

教师签名：　　　　　　　年　　月　　日

任务 9.4　电子商务企业的危机事件及危机公关

📄 任务目标

掌握危机公关的含义。

熟悉客服处理纠纷的 3 种方式。

📝 任务描述

危机事件是每个企业在经营过程中都会多少遇到的，面对危机的方式可能直接影响企业的名誉甚至生存，本任务从危机公关的概念入手，并以阿里巴巴的危机事件为例展开叙述。

⚙️ 任务实施

电子商务企业在经营过程中会遇到各种各样影响企业经营的危机事件。通常将电子商务企业的危机事件，按照严重程度分为纠纷事件和生存事件。

9.4.1　危机事件

在网络购物中，由于买家是通过商品的图片信息、文字信息和与客服人员的沟通来购买商品的，所以到货前很难看到商品的实物，难免会出现一些购物纠纷。另外，第三方评论往往会在信息传递中出现偏差，也会引发纠纷。这些纠纷往往会影响网店的后续经营，所以，客服人员需要及时对此类纠纷事件进行处理。

我们将可能会出现的纠纷划分为 3 种，大家可以通过下面 3 段对话学习纠纷的处理方法。

1. 商家有过错

案例阅读

客户（10：24：44）："前天买的连衣裙收到了，质量还行。可我要的是 M 号，你们怎么发的 L 号啊？我的订单号是 26720010401。"

客服人员（10：24：59）："跟您道声抱歉，经核查后发现确实是我们在打包的过程中出现失误，给您造成的不便表示非常抱歉。我们马上安排快递人员到您处取货，为您换货。"

在这段对话中，我们看到客户本来需要的衣服尺码是 M 号，但发货人员可能在打包过程中出现失误，错发 L 号，引起客户不满。面对这种情况，客服人员首先要安抚顾客情绪，然后将情况如实反馈给仓库发货人员。如果情况属实，那么商家就是有过错的一方，需要向客户做出说明并进行纠纷处理。

总结下来，商家有过错的情况包括商品质量出现问题、商家发错型号尺码、未经沟通更换货物和未在约定时间发货等。这类情况发生时，客服人员可以按照以下两种方式处理。

（1）赔偿

赔偿是指卖家向买家进行补偿或赔款。一般来说，赔偿是客服人员处理负面评价中最直接的赔付手段，用于事态较为严重的情况。当买家的合法权益受到侵害或者造成人身安全时，买家往往会对卖家提出赔偿要求。

（2）退换货

当商家有过错时，针对顾客的负面纠纷，可以提出退换货处理。退换货包括退货和换货两种方式，商家可根据事态酌情处理。上文案例中，商家误将商品尺码 M 号发为 L 号引起客户不满的同时，我们发现客户对衣服的质量还是满意的。遇到这种情况，客服人员可以提出为顾客换货。如果顾客要求退货，作为有过错的一方，商家应承担退货责任。

2. 商家、客户共担责任

案例阅读

客户（17;11;14）："我要的青色睡衣，你们怎么发来的是蓝色？"

客服人员（17;11;21）："这款就是蓝色的。"

客户（17;11;28）："可你们的图片显示是青色，我以为是青色才买的。蓝色不是特别好看，就不想要了。"

客服人员（17;11;33）："不好意思，可能由于计算机色差问题，很抱歉给您造成了困扰。这样吧，我们特别赠送您一个干发帽，以表示我们的歉意，今天会安排快递发出，您看可以吗？"

客户（17;11;39）："好吧，计算机色差的问题也的确不是你们的问题，那就这样吧。"

在上述对话中，我们看到，客户发现实物颜色与在计算机上看到的颜色不符，由此产生了纠纷。这种纠纷是计算机显示器的色差或者图片颜色造成的，带有一定的主观性，并非完全商家过错，当然，也不是顾客的过错，用通俗的话来说就是"公说公有理，婆说婆有理"。这种情况发生时，需要商家和客户共担责任。

商家、客户共担责任的情况包括产品有色差、质感有差别和尺码有偏差等。如何解决这样的纠纷呢？我们看到对话中的客服人员提出"送赠品"的解决对策。送赠品是客服处理负面评价时较为常见的方式之一，尤其在商家、客户共担责任时更为常用，是指客服通过与买家沟通协商，通过赠送赠品的方法来提高客户满意度的处理手段。这种送赠品的方法既能向顾客表示歉意，又能提高顾客满意度，增加商品回头率。所以当遇到商家、客户共担责任时，可以采用送赠品的方式处理。

3. 商家无过错

> 客服人员（14:22:14）："女士，下午好！我是家居店客服人员小李，看到您给出差评，请问您对这款衬衫不满意吗？"
>
> 客户（14:24:00）："我穿上去不好看。"
>
> 客服人员（14:24:22）："如果您不喜欢，可以申请退款。我们店铺开通了'七天无理由退换货'，如果您实在不满意，可以为您退款。"
>
> 客户（14:24:39）："还要寄东西回去，好麻烦。"
>
> 客服人员（14:30:00）："因为您提出的问题并不是因为我们衣服质量问题所致，您的差评可能会影响其他顾客对此件衬衫的购买，您看这样行不行，我们店铺特别为您提供一张20元优惠券，您下次在我店购物，可以直接抵现，您看可以吗？"
>
> 客户（14:31:31）："好吧。"

在这段对话里，我们看到客服人员小李根据客户所给出的差评，找到客户询问原因，得知顾客并非因为质量问题而是因为与预期不符给出差评。此种情况便属于"商家无过错"。商家无过错主要包括：顾客失误错选商品、穿着不好看和不如预期等。

那应该怎样处理"商家无过错"的负面纠纷呢？我们看到上述案例中客服人员小李采用了"送优惠券"的方法。优惠券是指卖家给买家赠送的具有某种特殊权利的优待券，按照使用分类可分为现金券、体验券、礼品券、折扣券、特价券和换购券等。送优惠券的方法可以表示对顾客的理解和尊重，改善顾客满意度，还能够促进顾客下次购买，提高商品的回购率。

9.4.2 危机公关

企业在经营过程中，由于决策失误、产品设计、质量问题、新闻媒介和竞争对手的误导等，会出现较严重的危机事件，此类事件就是本书所说的"生存事件"，即若没有正确处理好危机事件，一定会影响企业的经营发展和形象，可能最终影响企业的生存。

危机公关的目的就是处理"生存事件"，危机公关具体是指机构或企业为避免或者减轻危机所带来的严重损害和威胁，有组织、有计划地学习、制定和实施一系列管理措施与应对策略，包括危机的规避、控制、解决以及危机解决后的复兴等不断学习和适应的动态过程。

下面我们从危机公关 5S 原则角度分析阿里巴巴对"欺诈门"事件的处理，为电子商务企业正确处理危机事件提供借鉴和思考。

案例阅读

我们来回顾一下阿里巴巴的"欺诈门"事件。2011 年 2 月 21 日，阿里巴巴出了一则公告，在这则公告中引出了"欺诈门"和"高管引咎辞职"两个事件。公告称在过去的两年里，2326 名阿里巴巴网站的会员"中国供应商"涉嫌欺诈国际买家，并有近 100 名阿里巴巴员工涉嫌其中。故首席执行官卫哲、首席运营官李旭辉引咎辞职，首席产品官邓康明降级另用。

阿里巴巴在处理此次危机事件中运用了游昌乔的危机公关 5S 原则来维护企业形象，下面我们根据每条原则分别进行分析。

危机公关 5S 原则是指危机发生后为解决危机所采用的 5 大原则，包括承担责任原则（Shouldering the matter）、真诚沟通原则（Sincerity）、速度第一原则（Speed）、系统运行原则（System）、权威证实原则（Standard）。

1．承担责任和真诚沟通原则

危机发生后，公众会关心两方面的问题：一是利益问题；二是感情问题。公众很在意企业是否在意自己的感受，因此企业要承担责任，赢得公众信任，并且主动与新闻媒体联系，尽快与公众沟通，说明事实真相，促使双方相互理解，消除疑虑和不安。阿里巴巴在公告中说道："所有直接或间接参与的同事都将为此承担责任，B2B 管理层更将承担主要责任。"危机爆发后，管理层公开主动承认错误，是公司承担责任的体现。

2．速度第一原则和系统运行原则

危机发生后，首先控制住事态，使其不扩大、不升级和不蔓延，是处理危机的关键，应做到全面兼顾，不可顾此失彼。阿里巴巴一方面迅速成立专案小组展开调查，及时公布数据，对 2326 家涉嫌欺诈的中国供应商做关闭处理，并请司法机关参与调查；另一方面在对受害者的补偿上，阿里巴巴表示拿出 170 万美元赔付国际商遭受的损失，同时设置 10 亿元的诚信保障金，建立中国首个"小企业商业信用体系"。阿里巴巴高管统一口径和观点以及诚恳的态度，体现了阿里巴巴应对危机时的系统部署和周密策划，不仅稳住了阵脚，而且使公众对公司处理危机的诚意予以信赖。另外，请司法机关参与调查和配合媒体公开表明态度，增强了公司的公信力和影响力。

3．权威证实原则

请重量级的第三方在前台说话，使消费者解除对自己的警戒心理，重获他们的信任。在危机面前，阿里巴巴充分利用权威第三方的认可来为自己的危机应对造势。在公告中，马云提出了阿里巴巴的"价值观"，业界诸多人士的评论也大多围绕"诚信"和"价值观"这两个词，如巨人集团总裁史玉柱表示"深感阿里巴巴才是真正敢于承担个人责任，阿里巴巴的成功绝非偶然。如此重大人事变动，设想一下，

如果换我坐在马云椅子上，说不准会缺乏魄力而破坏公司规则"。当年 3 月 14 日，浙江省工商局局长郑宇民在召开"2011 中国诚信网络大会"上称赞马云为诚信壮士断腕，是"挥泪斩马稷"，并呼吁马云的同业者们以此为戒，致力于网络诚信及网络商业文明建设。名人和权威第三方的加入给阿里巴巴的危机应对增加了不小的砝码，在一定程度上消除了公众的戒备心理，有助于危机方重获公众的信任。

实战训练

1．根据前面介绍的知识，在网络中找出至少 3 家企业的危机事件，对比其危机公关的优缺点，并总结经验。

2．分小组模拟危机公关。

任务评价

自我评价

主要内容	自我评价等级（在符合的情况下面打"√"）			
	全都做到了	大部分（80%）做到了	基本（60%）做到了	没做到
总结危机事件				
模拟危机公关				
自我总结 我的优势				
我的不足				
我的努力目标				
我的具体措施				

小组评价

主要内容	小组评价等级（在符合的情况下面打"√"）			
	全都做到了	大部分（80%）做到了	基本（60%）做到了	没做到
总结危机事件				
模拟危机公关				
建议				

组长签名：　　　　　　年　　月　　日

教师评价

主要内容	教师评价等级（在符合的情况下面打"√"）			
	优秀	良好	合格	不合格
总结危机事件				
模拟危机公关				
评语				

教师签名： 年 月 日

项目小结

　　本项目主要介绍了电子商务企业在运营和管理过程中的紧急事件处理，电子商务企业在运营过程中经常出现的紧急事件有价格异常对订单的影响、订单暴增对物流的影响等，还引入了危机公关的概念。此外，本项目还介绍了电商企业利用社会热点做营销推广的方法。